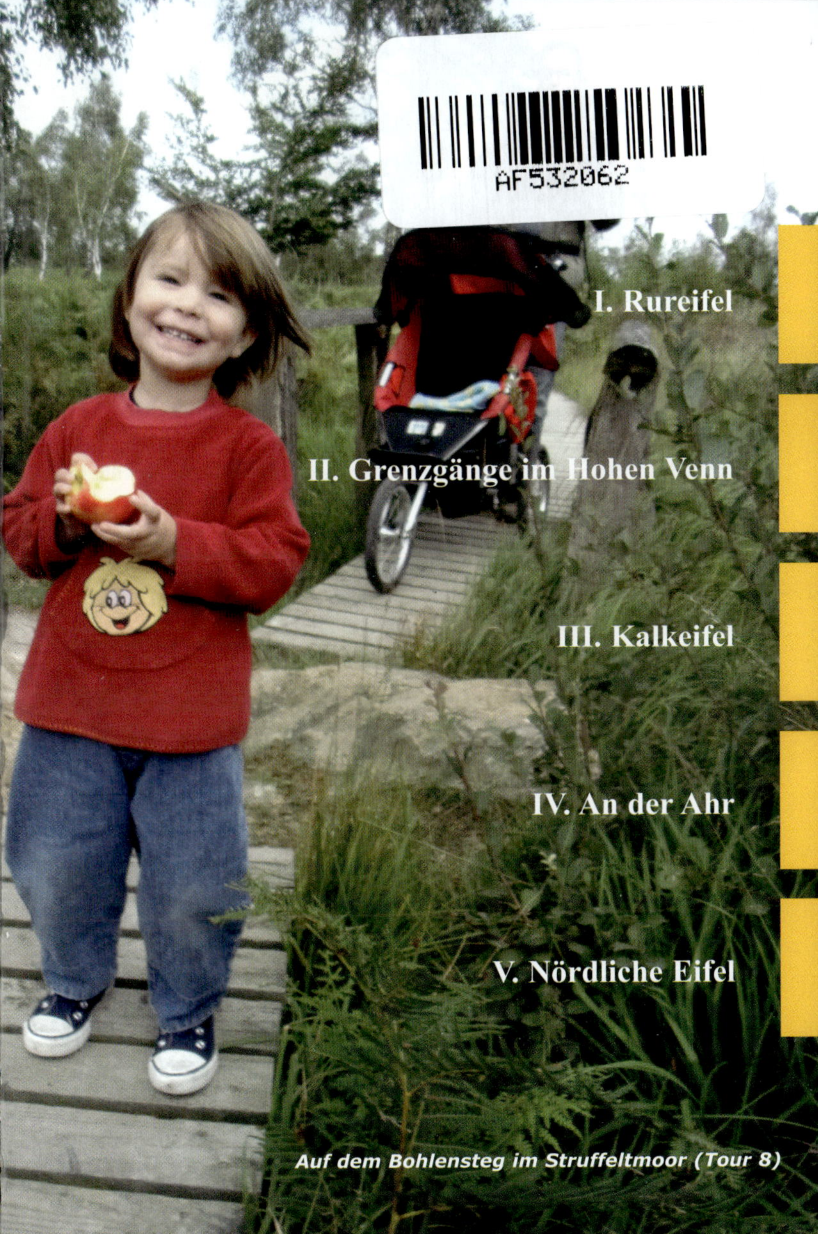

Auf dem Bohlensteg im Struffeltmoor (Tour 8)

Eifel Nord

Alle Informationen, schriftlich und zeichnerisch, wurden nach bestem Wissen zusammengestellt und überprüft. Sie waren korrekt zum Zeitpunkt der Recherche. Eine Garantie für den Inhalt, z.B. die immerwährende Richtigkeit von Preisen, Adressen, Telefon- und Faxnummern sowie Internetadressen, Zeit- und sonstigen Angaben, kann naturgemäß von Verlag und Autorin - auch im Sinne der Produkthaftung - nicht übernommen werden.

Die Autorin und der Verlag sind für Lesertipps und Verbesserungen (besonders per E-Mail) unter Angabe der Auflagen- und Seitennummer dankbar.

Dieses OutdoorHandbuch hat 160 Seiten mit 78 farbigen Abbildungen sowie 24 farbigen Kartenskizzen im Maßstab 1:25.000/50.000/75.000, 24 farbigen Höhenprofilen und einer farbigen, ausklappbaren Übersichtskarte. Es wurde auf chlorfrei gebleichtem Papier gedruckt, in Deutschland klimaneutral hergestellt und transportiert (die Zertifikatnummer finden Sie auf unserer Internetseite) und wegen der größeren Strapazierfähigkeit mit PUR-Kleber gebunden.

Dieses Buch ist im Buchhandel und in Outdoor-Läden erhältlich und kann im Internet oder direkt beim Verlag bestellt werden.

OutdoorHandbuch aus der Reihe „Regional", Band 340

ISBN 978-3-86686-427-6 1. Auflage 2015

Dieses OutdoorHandbuch wurde konzipiert und redaktionell erstellt vom Conrad Stein Verlag GmbH, Kiefernstraße 6, 59514 Welver,
☏ 023 84/96 39 12, FAX 023 84/96 39 13,
info@conrad-stein-verlag.de, www.conrad-stein-verlag.de

Werden Sie unser Fan: www.facebook.com/outdoorverlage

Text und Fotos: Ingrid Retterath
Karten: Heide Schwinn
Lektorat: Amrei Risse
Layout: Manuela Dastig

Gesamtherstellung: AZ Druck und Datentechnik GmbH, Kempten

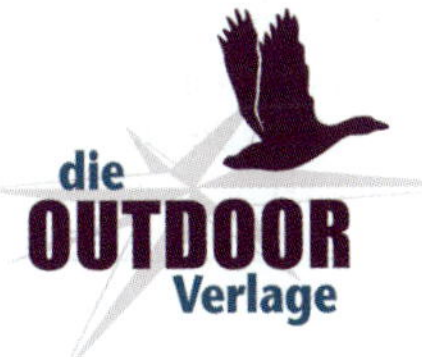

Inhalt

Wanderland Eifel 7

Reise-Infos 8

Anreise und Verkehrsmittel 8
Standorte und Unterkünfte 9
Wanderinfrastruktur 9
Klima und Reisezeit 10
Karten und GPS 11
Wandern mit Kindern 13
Wandern mit Hunden 14
Updates 14

I. Rureifel 15

1 Panoramawanderung an der Talsperre Obermaubach (5,2 km) 16
↻ *Tour für Sonntagswanderer*

2 Buntsandsteinfelsen bei Nideggen (4,7 km) 20
↻ *Tour für Felsen-Fans*

3 Am und auf dem Obersee (5,2/17,1 km) 27
↻ *Tour für wanderfreudige Schiffsreisende*

4 Der Kermeter – wild und doch barrierefrei (7,4 km) 34
↻ *Tour für wirklich jeden!*

5 Vogelsang: einst Truppenübungsplatz, heute Nationalpark (6,8 km) 39
↻ *Tour für militärgeschichtlich interessierte Naturfreunde*

II. Grenzgänge im Hohen Venn 46

6 Naturforscher am Eupener Stausee (3 km) 48
↻ *Tour für waldinteressierte Familien*

7 Durch das Grenzland im Brackvenn (8,6 km) 52
↻ *Tour für Moorwanderer*

8 Die Struffelt-Route bei Roetgen (9,8 km) 60
↻ *Tour für trittsichere Naturliebhaber*

9 Auf dem Eifelsteig rund um Monschau (3,6 km) 66
↻ *Tour für trittsichere Geocacher*

⑩ Am höchsten Punkt Belgiens: Botrange (5,7 km) 72
↻ *Tour für wetterfeste Naturliebhaber*

III. Kalkeifel 78

⑪ Rund um das Rheinische Freilichtmuseum in Kommern (9,6 km) 79
↻ *Tour für geschichtsinteressierte Familien*

⑫ Auf den Spuren der Römer durchs Urfttal (6,1 km) 86
→ *Tour für wasserliebende Wanderer*

⑬ Der römische Erlebnisweg in Nettersheim (4,7 km) 91
↻ *Tour für Freunde der römischen Geschichte*

⑭ Bergbauhistorische Wanderung bei Mechernich (8,5 km) 97
↻ *Tour für am Bergbau interessierte Geocacher*

⑮ Höhen und Höhlen (3,4 km) 101
↻ *Tour für Höhlenmenschen und deren Nachfahren*

⑯ Hellenthal: Wildfreigehege und Olefstausee (7,1 km) 106
↻ *Tour für Tierfreunde*

⑰ Der Steinfelder Milchweg (6,5 km) 110
↻ *Tour für Wissbegierige*

IV. An der Ahr 116

⑱ Interstellar unterwegs bei Effelsberg (5,5 m) 117
↻ *Tour für fantasievolle Sternengucker*

⑲ Durch die Weinberge des Ahrtals (11,1 km) 122
→ *Tour für Genießer*

⑳ Kurz, aber knackig rund um den Krausberg (5,3 km) 128
↻ *Tour für Ahr-Schwärmer*

㉑ Der Tiergartentunnel-Wanderweg bei Blankenheim (21,4 km) 133
↻ *Tour für gute Wanderer*

V. Nördliche Westeifel 143

22 Rund um den Kronenburger See (6 km) 144
↻ *Tour für Freunde von Wasser und Geschichte*

23 Winterwanderung in Udenbreth (4,3 km) 149
↻ *Tour für Winterwanderer*

24 Der Mirbachtalweg (5,4 km) 153
↻ *Tour für Naturliebhaber*

Wanderland Eifel

Die Eifel ist eines der beliebtesten Wandergebiete Deutschlands. Sie ist aus den städtischen Ballungsräumen des Rheinlandes schnell zu erreichen und bietet eine nahezu unüberschaubare Auswahl an großartigen Wanderwegen mit unvergesslichen Naturerlebnissen und schönen Aussichtspunkten. Zahlreiche Rund-, Strecken- und Fernwanderwege führen durch die Eifel, nahezu jeder Eifelort ist so sehenswert, dass er eigentlich einen eigenen Ausflug wert ist.

Dieses Buch beschränkt sich zunächst auf den Nordteil der Eifel, die Grenze zum zweiten Band über den Südteil der Eifel verläuft im Westen etwa auf der Landesgrenze zwischen Nordrhein-Westfalen und Rheinland-Pfalz, im Osten südlich des Ahrgebirges. Umfasst sind daher die folgenden Teilregionen:

Die **Rureifel** hat ihren Namen von dem Flüsschen Rur, das im Hohen Venn entspringt und in die Maas mündet. Sie umfasst die Rurtalsperre Schammenauel mit ihren Nebenstauseen Obersee und Urftsee, den Nationalpark Eifel und den Naturpark Nordeifel. Die Landschaft ist geprägt von Buchenurwald. Im Westen schließen sich **Grenzgänge im Hohen Venn** an, einem Hochmoorgebiet auf beiden Seiten der belgisch-deutschen Grenze. Hier tummeln sich im Winter neben Wanderern auch Langlaufskifahrer. Die klassische Nordeifel nennt sich korrekt **Kalkeifel**, sie liegt östlich der Rureifel und bietet eine besonders hohe Dichte an historischen Sehenswürdigkeiten, die durch gute Wanderwege durch Wald und Feld verbunden sind. Als **Ahreifel** wird ein Streifen nördlich und südlich der Ahr zwischen Ahrbrück und der Ahrmündung bei Sinzig bezeichnet. Besonders steile Weinberge prägen diese Wanderregion. Last, but not least lade ich zu Wanderungen in die **nördliche Westeifel** ein, die wegen ihrer Lage und ihrer Bodenstruktur etwas karger ist als die anderen Wanderregionen.

Beliebt ist die Eifel bei Wanderern jeden Alters und jeder Leistungsstufe. Ich habe mich daher bemüht, für jeden Geschmack Vorschläge zu machen. So finden Sie nachfolgend eine Mischung aus anstrengenden Tageswanderungen, hundefreundlichen Halbtagestouren, spannenden Kinderwanderungen und buggytauglichen Strecken für junge Eltern. Sogar zwei barrierefreie Strecken sind enthalten, die von naturliebenden Menschen mit Buggy, Rollator oder Rollstuhl bewältigt werden können. Vollkommen abgelegene unmarkierte Wege werden ebenso beschritten wie seit Langem beliebte Fernwanderwege und neu angelegte Erlebniswege.

Neben der abwechslungsreichen Landschaft lockt auch die deftige Eifeler Küche. In den Tourenbeschreibungen finden Sie daher neben der eigentlichen Wegbeschreibung auch stets Einkehrtipps, damit Sie sich nach der Wanderung mit den unterschiedlichsten Köstlichkeiten stärken können.

Alle Touren enthalten Hinweise darauf, ob die Strecke auch für Kinder, Buggys und Hunde geeignet ist. An dieser Stelle möchte ich meiner Mutter Gerda Retterath, meinen Freunden Silke Sohler und Herbert Wiens, meinem Partner Armin Hofmann, unserer Tochter Aurelia und unseren Neufundländern Bathida und Maxim dankbar zuwinken. Ohne euch wären die Recherchewanderungen langweilig, anstrengend oder auch gar nicht möglich gewesen.

Allen Lesern wünsche ich genauso viel Freude beim Wandern und Entdecken der Eifel, wie wir sie bei den Recherchewanderungen hatten.

Ihre Ingrid Retterath

Reise-Infos

Anreise und Verkehrsmittel

Das Wandergebiet in der nördlichen Eifel ist gut an Bundesautobahnen angebunden: Im Norden verläuft die A4 (Aachen-Köln), im Osten liegt die A61 (Köln-Koblenz), die A1 führt von Köln bis Blankenheim und danach als B51 tief in die Nordeifel hinein. Von Süden nähert man sich über die A60 und B51 oder die A48/A1 an.

Von Köln kommend bringen Sie der Eifel-Mosel-Express (RE 12), der Eifel-Express (RE 22) und die Eifel-Bahn (RB 24) in die nördlichen Eifelorten, sie fahren weiter Richtung Gerolstein und Trier. Die Voreifel-Bahn (RB 24) führt von Bonn über Euskirchen nach Bad Münstereifel. Die Ahrtalbahn fährt von Remagen durch das gesamte Ahrtal bis Ahrbrück und hält in jedem Ahrdorf. Die Rurtalbahn verkehrt von Düren durch das Rurtal bis nach Heimbach.

Fahrplanauskunft auf www.bahn.de

🚌 Mit dem Bus lassen sich einige Startpunkte der Wanderungen gut, andere nur zu bestimmten Zeiten erreichen. Während abgelegenere Ziele oft gar nicht oder nur vom Schulbus angefahren werden, gibt es im Nationalpark Eifel sogar spezielle Buslinien für Wanderer, die am Wochenende häufiger fahren als an Wochentagen. Bitte beachten Sie, dass Taxibusse zu festen Zeiten nach Fahrplan verkehren, aber stets nur nach telefonischer Anmeldung 30-60 Min. vor der fahrplanmäßigen Abfahrt.

♦ Verkehrsverbund Rhein-Sieg, ☎ 018 06/50 40 30 (Schlaue Nummer für Bus & Bahn, Festnetz 20 Ct./Anruf, mobil max. 60 Ct./Anruf), 💻 www.vrsinfo.de mit Online-Fahrplanauskunft

Standorte und Unterkünfte

Für Ihre Wanderungen bietet sich Ihnen eine große Auswahl an Unterkünften, die nur von Ihren Ansprüchen und finanziellen Möglichkeiten beschränkt wird. Von der urigen Jugendherberge in einer alten Burg über preiswerte Pensionen bis hin zu edlen Luxushotels ist alles vertreten. Zahlreiche Campingplätze und Wohnmobilstellplätze finden sich in dieser Region. Wer länger bleibt, wird die Unabhängigkeit in einer Ferienwohnung zu schätzen wissen. Für einen Wanderurlaub in der Nordeifel bieten sich wegen ihrer guten Auswahl an Unterkünften und der Nähe zu beschriebenen Touren z. B. Monschau, Einruhr, Gemünd und Nettersheim an.

Für den deutschen Teil der Eifel erhalten Sie gute Informationen zu allen Unterkünften bei der

♦ Eifel Tourismus GmbH, Kalvarienbergstraße 1, 54595 Prüm, ☎ 065 51/96 56-0, 💻 www.eifel.info, ✉ info@eifel.info

Der belgische Teil des Hohen Venns wird betreut von der

♦ Tourismusagentur Ostbelgien, Hauptstraße 54, B-4780 St. Vith, ☎ + 32/(0)80/22 76 64, 💻 www.eastbelgium.com, ✉ info@eastbelgium.com

Wanderinfrastruktur

Der Eifelverein e.V. sorgt für ein gut ausgebautes, liebevoll markiertes und regelmäßig gepflegtes Wegenetz in der gesamten Eifel. An vielen Wanderparkplätzen sind Hinweistafeln zu den örtlichen Rundwanderwegen zu finden.

Die Eifel ist mein liebstes Wandergebiet. Zahlreiche Fernwanderwege führen durch dieses Mittelgebirge, die von den beschriebenen Touren berührt werden. Mit meinen Tourvorschlägen biete ich Ihnen quasi Appetithäppchen für eine längere Wanderreise in die Eifel an:

- ▷ Via Coloniensis, ca. 240 km von Köln bzw. Bonn nach Trier
  ✎ stilisierte gelbe Muschel auf blauem Grund
- ▷ Eifelsteig, ca. 330 km von Aachen-Kornelimünster nach Trier
  ✎ blau-grün-gelbes Logo, zeigt einen Weg an einem Maar entlang
- ▷ Römerkanal-Wanderweg, ca. 112 km von Nettersheim nach Köln
  ✎ stilisierter schwarzer Kanal auf weißem Grund
- ▷ Wildnis-Trail, ca. 85 km von Monschau-Höfen nach Nideggen-Zerkall
  ✎ Kopf einer Wildkatze
- ▷ EifelBahnSteig, ein ca. 128 km langer GPS-Steig ohne Markierungen entlang der Eifelbahn-Strecke von Euskirchen nach Nettersheim

Hauptwanderwege des Eifelvereins (Nord-Süd ►, West-Ost >):

- ▷ Karl-Kaufmann-Weg (2), 199 km von Brühl nach Trier ►
- ▷ Erft-Lieser-Mosel-Weg (3), 153 km von Euskirchen nach Lieser/Mosel ►
- ▷ Josef-Schramm-Weg (4), 223 km von Kreuzau nach Trier ►
- ▷ Willibrordusweg (5), 194 km von Kreuzau nach Echternacherbrück ►
- ▷ Matthiasweg (6), 243 km von Aachen nach Trier ►
- ▷ Krönungsweg (10), 132 km von Aachen nach Bonn >
- ▷ Rhein-Rureifel-Weg (12), 136 km von Monschau nach Brohl-Lützing >

Klima und Reisezeit

Die Eifel ist durch ihre exponierte Lage der vom Atlantik kommenden Witterung wesentlich stärker ausgesetzt als viele andere Regionen Deutschlands. Insbesondere Rheinländer wundern sich über die schneereichen Winter und die kühlen Sommertage. Meine Mutter, die in den 1930er-Jahren in der Mark Brandenburg zur Schule ging, bekam damals von ihrem Lehrer im Unterricht sogar erzählt, dass die Kirschen in der Eifel zwei Jahre brauchen, um reif zu werden!

Daher brauchen sich Wanderer nicht auf die üblichen beliebten Wanderzeiten im Frühjahr und Herbst zu beschränken. Selbst im Hochsommer ist

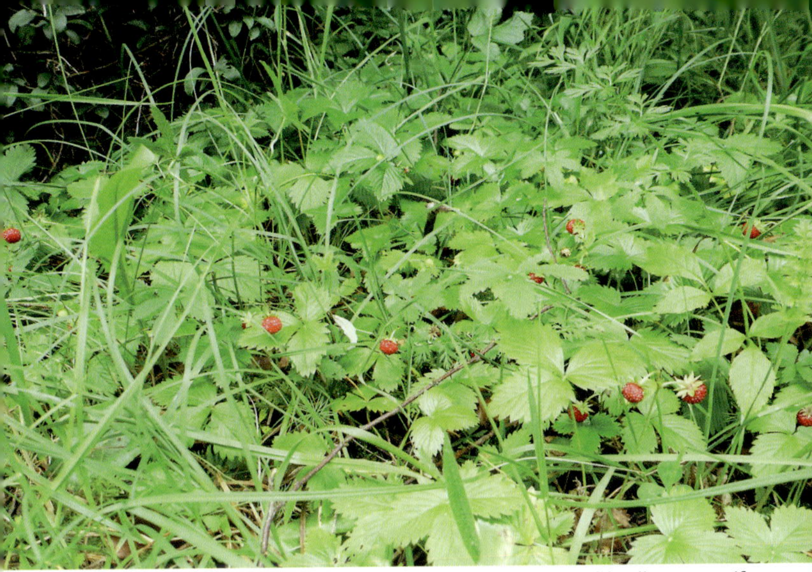
Im Juli sind überall die Walderdbeeren reif

das Wandern in der Eifel gut erträglich, nur selten ist es vollkommen windstill. Einen ganz besonderen Reiz hat das Wandern im Winter. Wenn die Schneelage es zulässt, wird eine Winterwanderung zu einem unvergesslichen Erlebnis. Denken Sie aber bitte daran, dass viele „Futterkrippen" von November bis März geschlossen sind. Ein gut gefüllter Proviantrucksack mit heißem Tee sollte also gepackt werden.

Karten und GPS

Die topografischen Karten des Eifelvereins und der belgischen Ostkantone im Maßstab 1:25.000 sind gut zum Wandern geeignet. Für die Wanderungen in diesem Buch kommen folgende Blätter infrage:

Eifelverein:

- ▷ 1 Aachen, Eschweiler, Stolberg
- ▷ 2 Erholungsgebiet Rureifel
- ▷ 3 Monschauer Land, Rurseengebiet
- ▷ 4/14 Schleidener Tal, Hellenthal, Schleiden, Gemünd
- ▷ 5 Kall, Kommern, Mechernich, Nettersheim
- ▷ 7 Bad Münstereifel

- ▷ 9 Das Ahrtal
- ▷ 12 Blankenheim, Oberes Ahrtal

Belgische Ostkantone:

- ▷ B Hohes Venn

Diese Karten sind in Buchhandlungen, Touristeninformationen und Ausflugszielen vor Ort erhältlich und können über den Buchhandel oder beim Eifelverein bestellt werden.

Die GPS-Tracks zu den in diesem Buch beschriebenen Wanderungen können Sie unter http://gps.conrad-stein-verlag.de/340EifelNord01ir43.zip herunterladen. Wenn Sie diese URL in Ihrem Internetbrowser eingegeben haben (bitte auf Groß- und Kleinschreibung achten), öffnet sich entweder ein Downloadfenster oder es startet direkt ein Download. Ist Letzteres der Fall, finden Sie die GPS-Tracks (als ZIP-Datei) kurz darauf in Ihrem Download-Ordner. Mit einem Programm wie Winzip können Sie die Datei ganz einfach entpacken.

Geocaches am Wegesrand lockern die Wanderungen auf

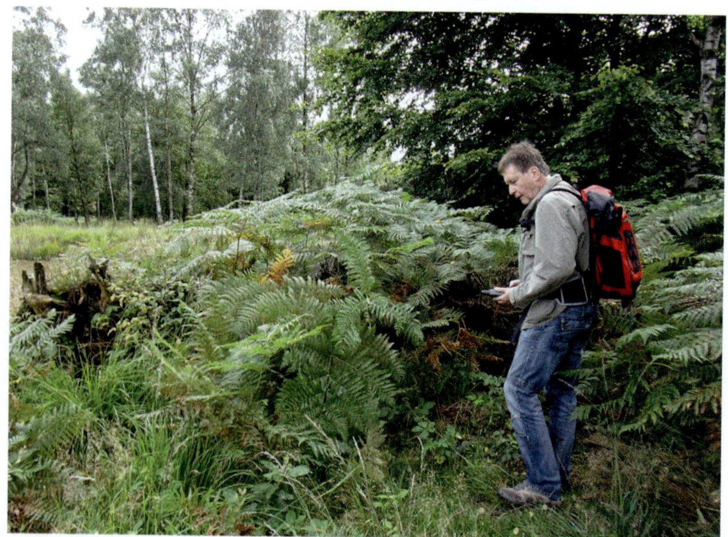

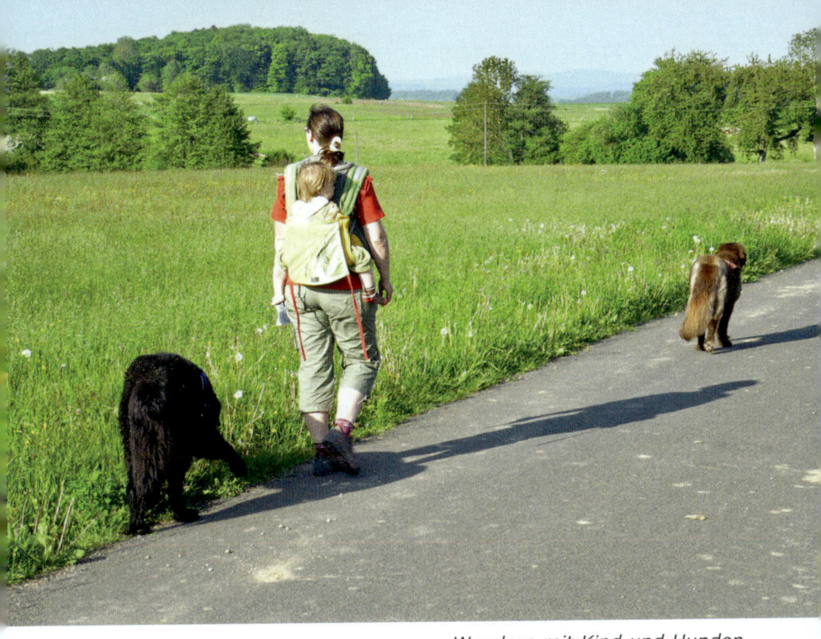

Wandern mit Kind und Hunden

Wandern mit Kindern

Die Eifel ist ein typisches Mittelgebirge mit ganz unterschiedlichen Wegstrukturen. Manche Touren führen durch steiles und felsiges Gelände, sind also eher für ältere und trittsichere Kinder geeignet. Ich habe für Familien mit größeren Kindern einige spannende Strecken mit vielen Naturerlebnissen oder Geocaches ausgesucht. Familien mit kleinen Kindern finden zahlreiche kurze Strecken, die oft sogar für Buggys geeignet sind.

Meine inzwischen dreijährige Tochter Aurelia hat mich auf allen Strecken begleitet. Anfangs saß sie meist in für uns beide gemütlichen Tragen (Bondolino, Milamai, Buzzidil) auf meinem Rücken, später zogen wir einen geländegängigen Buggy oder Jogger vor. Wichtig bei der Auswahl des Gefährts sind eine gute Federung und große Räder, beim Buggy sind es zwei Räder, beim Jogger nur ein großes Rad. Achten Sie auch auf eine gut funktionierende Handbremse, um bei einem Fotostopp oder einer Rast auch bei Steigungs- und Gefällestücken sicher parken zu können.

Wandern mit Hunden

Die Eifel ist ein ideales Wandergebiet für vierbeinige Wanderpartner. Unsere beiden Neufundländer lieben es, mit ihrem Rudel unterwegs zu sein, schnüffelnd durch das raschelnde Buchenlaub zu laufen, an jedem Bach zu saufen und sich in jedem Tümpel und jeder Pfütze zu suhlen.

Bitte überfordern Sie Ihren Hund bei der Auswahl der Strecke nicht, besonders an heißen Sommertagen. Durch seine Abstecher rechts und links des Weges läuft er ja viel weitere Strecken als Sie. Einpacken sollten Sie ein Hundehandtuch, wenn Sie nach einem Badeausflug des Hundes oder an einem Regentag in einer Gaststätte einkehren wollen. Natürlich nimmt ein verantwortungsvoller Hundehalter die Hinterlassenschaften seines Hundes mit, wenn dieser sich mitten auf dem Wanderweg, in einer Ortschaft oder auf einem Feld, auf dem Nahrungsmittel produziert werden, erleichtert hat. Beachten Sie bitte, dass in Naturschutzgebieten und im Nationalpark Eifel Leinenpflicht für Hunde besteht.

Updates

Der Conrad Stein Verlag veröffentlicht Updates zu diesem Buch, die direkt vom Autor/von der Autorin oder von Lesern dieses Buches stammen.

Bitte suchen Sie vor Ihrer Abreise auf der Verlags-Homepage 💻 www.conrad-stein-verlag.de diesen Titel. Unter dem Link „mehr lesen“ finden Sie alle wichtigen Informationen.

Der links abgebildete QR-Code führt Sie direkt zu der richtigen Seite.

I. Rureifel

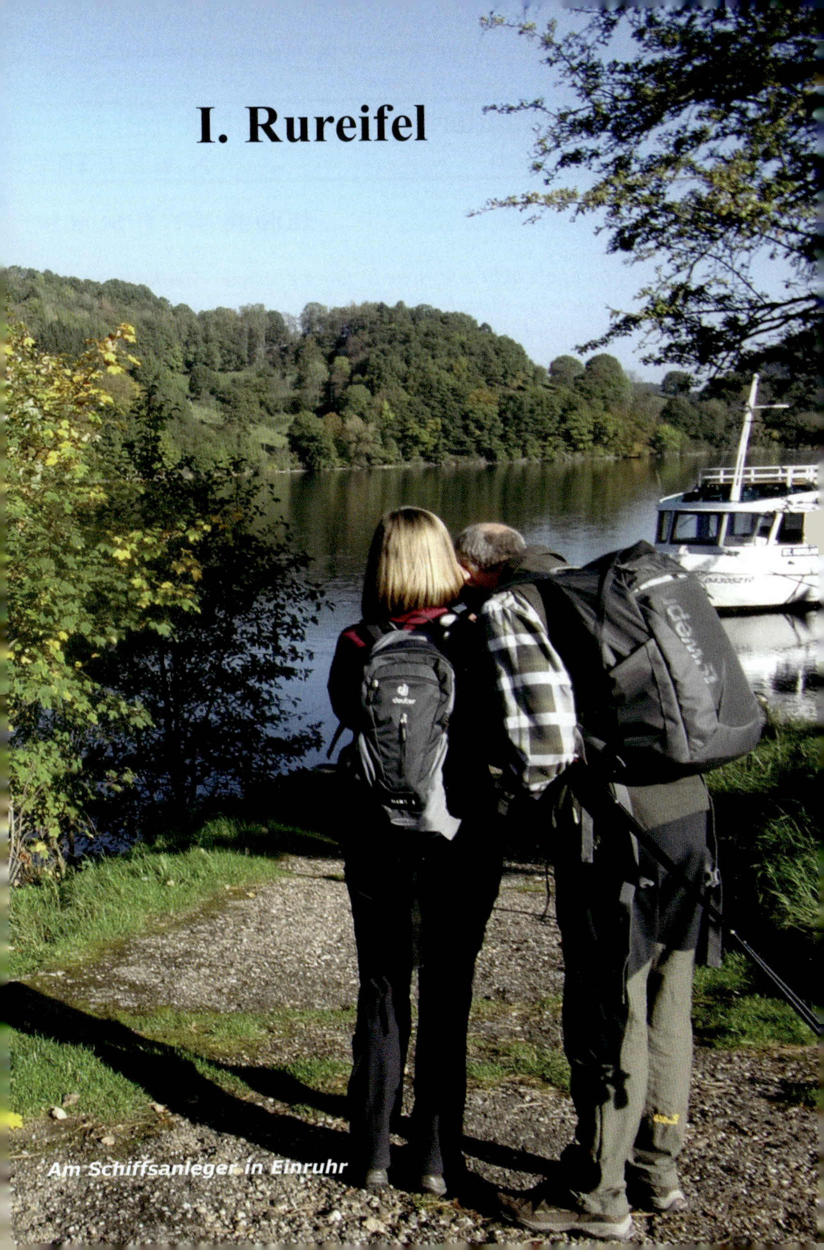

Am Schiffsanleger in Einruhr

1 Panoramawanderung an der Talsperre Obermaubach

Tour für Sonntagswanderer

Eine kleine Sonntagsnachmittagsrunde für die ganze Familie mit vielen schönen Aussichten ins Rurtal. Die Wegstrecke ist angenehm schattig, an den Aussichtspunkten lässt sich die Sonne genießen.

Start/Ziel: Bahnhof Obermaubach, GPS N 50°42,893' E 006°26,901'
5,2 km
etwa 2 Std.
208 m/208 m
177-285 m
WW23, 07, 43, Buntsandstein-Route, ◄ Schramm-Weg
Restaurant Strepp am See (km 0/km 5,2), weitere Restaurants und Cafés in Obermaubach (200 m)
Schutzhütten und Picknicktische nah beieinander (km 2 und km 4,4), ferner einige Rastbänke
kindertaugliche kurze Runde mit Waldspielplatz kurz vor dem Ziel
buggytauglich, keine extremen Steigungen oder Hindernisse
Bitte Wasser mitnehmen. Keine Leine nötig, gefährliche Straßen sind weit entfernt. Achtung: Gegen Ende werden durstige oder schwimmbegeisterte Hunde die Bahnlinie kreuzen wollen, um an/in den Stausee zu kommen.
Bushaltestelle Staumauer, Bus 201 von Kreuzau Bf
Rurtalbahn, Bahnhof Obermaubach
Parkmöglichkeit im Ort und am Bahnhof

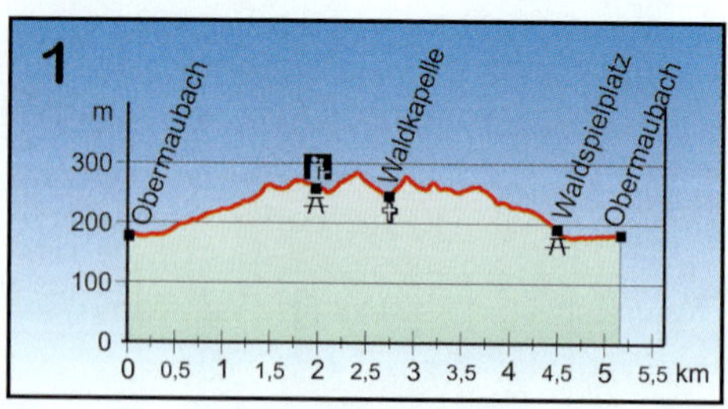

Am Bahnhof drehen Sie sich zur Straße Am Stausee und folgen dieser nach links. Dabei laufen Sie parallel zu den Schienen der Rurtalbahn, lassen das Restaurant Strepp am See rechts liegen und überqueren dessen Parkplatz. Am Ende des Parkplatzes folgen Sie geradeaus den Markierungen des Kuhkopfsteiges (23), einem 9 km langen Rundweg südöstlich von Obermaubach.

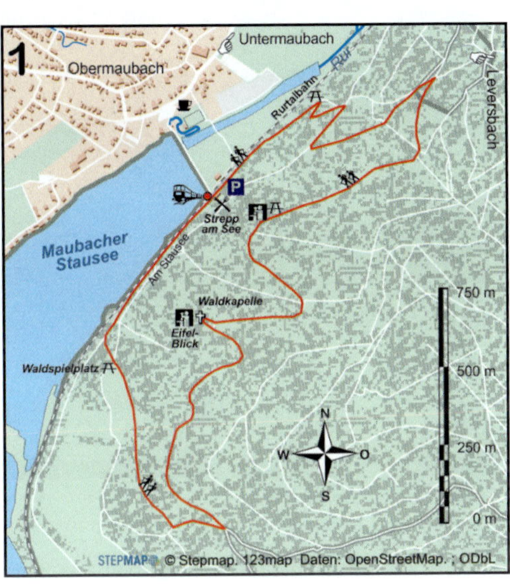

Hinter der Schranke entfernt sich der Weg etwas von der Bahnlinie und führt leicht bergauf. An der ⛩ Sitzbank halten Sie sich an den breiteren Weg, er geht nach rechts ab und führt durch eine Serpentine. An der nächsten Wegkreuzung biegen Sie rechts ab Richtung Leversbach (23). Nun folgen Sie dem breiteren Weg, biegen also scharf links ab und laufen weiter bergauf. Eine Einmündung von unten (= links) ignorieren Sie, um nach etwa 150 m scharf rechts abzubiegen. Hier befinden Sie sich nun auch auf der Buntsandsteinroute, einem etwa 40 km langen Partnerweg des Eifelsteigs von Kreuzau zur Urftseestaumauer. Orientieren können Sie sich jetzt eine Weile an den Wegweisern Richtung Waldkapelle.

In der Eifel können Sie nur wenige Stellen finden, an denen Ilex wächst, hier finden Sie zahlreiche und groß gewachsene Ilex-Büsche. Links des Weges entdecken Sie im Wald Buntsandsteinfelsen.

Geschützte Buntsandsteinfelsen

Eine etwa 293,5 ha große Fläche des Rurtals zwischen Untermaubach und Abenden wurde 1981 unter Naturschutz gestellt, um das Ökosystem der Buntsandsteinfelsen zu erhalten.

Dort leben einige nach der Roten Liste gefährdete Arten, besonders die Wildkatze (*Felis sylvestris sylvestris*), sieben Fledermausarten und einige Reptilien fühlen sich dort sehr wohl.

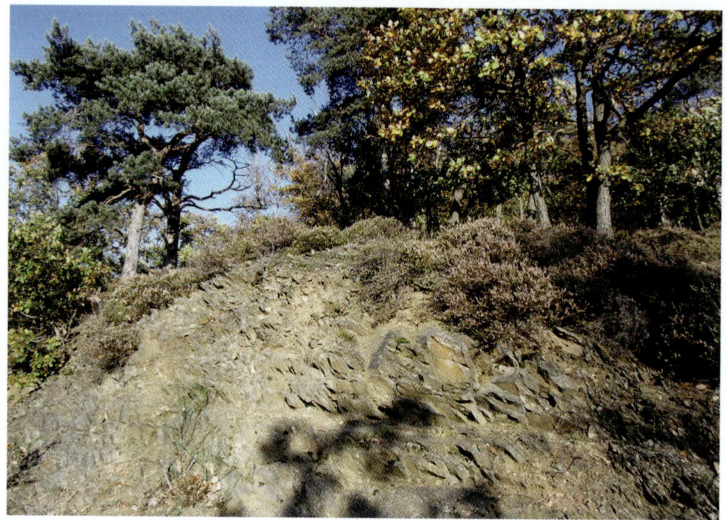

Felsen am Panoramaweg

Etwa 2 km nach dem Start werden Sie erstmals für das stete Bergauflaufen belohnt. Auf der rechten Seite des Weges haben Sie einen erstklassigen Panoramablick ins Rurtal. Ganz rechts sehen Sie Untermaubach, links schauen Sie nach Obermaubach hinab. Im Sommer können Sie hier die Starts der Gleitsegler und Hängegleiter der Ostwindfreunde beobachten.

Sie passieren eine Schutzhütte und kurz darauf einen Picknicktisch. An der Weggabelung folgen Sie dem nach links wegführenden, breiteren Weg (07). Er macht einen weiten Rechtsbogen und bleibt auf der Höhe, wo Sie weitere Aussichten auf Obermaubach und den Maubacher Stausee genießen können. Nun erreichen Sie einen Picknicktisch und die Waldkapelle auf der Mausauel, an der sich gleichzeitig ein Eifel-Blick und der höchste Punkt der Wanderung befinden. Sie wurde 1995 gebaut.

Eifel-Blicke

Eifel-Blicke sind besonders schöne Aussichtspunkte in der Eifel, die meist mit einer Sitzgelegenheit, einer Panoramakarte oder sonstigen Infotafeln ausgestattet sind. Sie gehen auf eine Initiative des Deutsch-Belgischen

Naturparks und des Rureifel-Tourismus e.V. zurück und liegen daher durchweg im nordwestlichen Bereich der Eifel im Dreieck Aachen – Bad Münstereifel – Prüm.

Aussicht nach Untermaubach

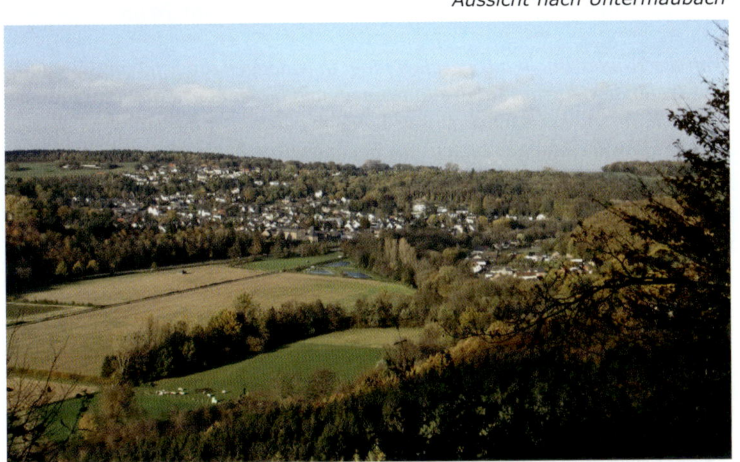

Weiter folgen Sie dem mit einem gefüllten Dreieck ◀ markierten Eifelvereinsweg, jetzt geht es schon ganz leicht bergab. Sie passieren die Station 6 des Landschafts-Entdeckungspfades Maubacher Rurtal und erfahren vielleicht etwas Neues rund um das Thema Stein. An der nächsten Wegkreuzung gehen Sie scharf rechts bergab Richtung Obermaubach/Rurtalbahn. Hier finden Sie auch wieder Markierungen des Kuhkopfsteiges mit der Nummer 23. An der nächsten Infotafel biegen Sie rechts ab und laufen hinab zum Waldspielplatz, wo Sie auch Sitzbänke, eine Schutzhütte und einen Picknicktisch finden.

Wenn die Rucksackverpflegung verzehrt ist und alle müde gespielt sind, wandern Sie weiter geradeaus bergab. Hinter einer Schranke erreichen Sie den Uferweg am Maubach-Stausee. Diesem folgen Sie nach rechts (23/43/03) bis zum Ziel am Bahnhof Obermaubach.

✕ Restaurant Strepp am See, Am Stausee, 52372 Obermaubach, ☏ 024 22/74 54, www.restaurant-strepp-am-see.de, Di bis Fr ab 11:30, Sa, So ab 10:00, mit Biergarten

❷ Buntsandsteinfelsen bei Nideggen

Tour für Felsen-Fans

Von der Kölner Bucht aus gesehen fängt in Nideggen die Eifel an. Hier fällt das Gelände steil zum Tal der Rur hin ab und bildet eine einmalige Felsenlandschaft. Die bei Kletterern seit Langem bekannten Buntsandsteinfelsen unterhalb von Nideggen bieten eine beeindruckende Kulisse für diese kurze Rundwanderung, die keine besonderen Ansprüche an Kondition oder Trittsicherheit stellt, solange Sie auf den markierten Wegen bleiben. Eine Besichtigung der Burg Nideggen rundet diese Wanderung ab.

- Start/Ziel: Nationalparktor Nideggen, Im Effels, GPS N 50°41,164' E 006°28,977'
- 4,7 km
- etwa 2 Std.
- 255 m/255 m
- 177-285 m
- WW37, Buntsandstein-Route
- Burgrestaurant in der Burg Nideggen (km 3,5), außerdem zahlreiche Einkehrmöglichkeiten in Nideggen (km 4)
- Schutzhütten (km 0,5 und km 2), Rastplätze (km 1,8 und km 3) und mehrere Sitzbänke am Wegesrand
- Einkaufsmöglichkeit in Nideggen (km 4)
- Tradis: GC37HD2 Der rote Turm von Nideggen, GC28BE Castle Nideggen, GC3ATQH Effelsdach, GC3TJ4X Das Wappen von Nideggen; Earth Caches: GC3AXPR Das Dach des Effels, GC23N49 Burgwand Nideggen
- Bizarre Felsen, eine kleine Höhle, eine alte Burg, sechs Geocaches und viel Wald – daraus kann eine spannende Halbtageswanderung entstehen.
- Wir vergeben nur einen Buggy, weil ein Teil der Strecke mit Wurzeln nur für robuste Buggys geeignet ist und dieser zudem unterwegs immer wieder 1-2 Stufen hinauf- oder hinabgehoben werden muss.
- Auf der Runde gibt es viele spannende Gerüche, teilten uns unsere Hunde mit. Sie verläuft durch zwei Naturschutzgebiete und durch Nideggen, sodass Hunde immer wieder angeleint werden müssen. Bäche zum Saufen sind nicht vorhanden, kurz vor der Burg gibt es in einem Quellbrunnen Wasser, Behälter nötig.
- Bushaltestelle Dürener Tor, Bus 221 von Düren Bf, Bus 210 von Kreuzau Bf und Nideggen-Brück Bf

 Bahnhof Nideggen-Brück, Rurtalbahn (km 2,6, ➲ etwa 600 m)

P Parkmöglichkeit am Nationalparktor Nideggen neben der Jugendherberge

Achtung! Die Felsen laden zum Erkunden und Klettern ein – die vielen Rettungspunkte wurden aber nicht ohne Grund angelegt!

Nationalparktor Nideggen, Im Effels, So bis Do 9:00 bis 18:00, Fr, Sa 9:00 bis 21:30

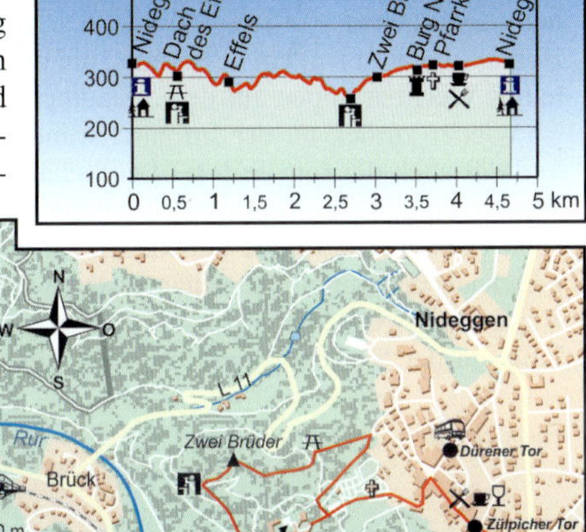

Rechts des auffälligen roten Turms der Jugendherberge folgen Sie dem Weg Richtung Eifel-Blick. Sie ignorieren einen Weg von rechts und gehen am Ende des Jugendherbergsgebäudes an der Gabelung rechts durch den hohen Nadelwald. An einem Felsen können Sie durch die Bäume einen ersten Blick auf Nideggen und seine Burg erhaschen. Der Weg führt nun oberhalb der Nideggener Felslandschaft durch Laubwald zu einem weiteren Aussichtspunkt. Dort können Sie nicht nur die Burg sehen, sondern auch tief unten im Rurtal die Rurtalbahn am Hetzinger Campingplatz entlangfahren sehen.

Hier wachsen Föhren (Kiefern) und geben der Landschaft selbst im Winter ein leicht südländisches Flair. Der bisherige schmale Weg trifft auf einen breiten Waldweg, diesem folgen Sie geradeaus, hier verläuft auch der örtliche Wanderweg 37.

Nach etwa 70 m treffen Sie auf eine Infotafel zur Mühlsteingewinnung auf dem Effelsdach.

Nun machen Sie einen kleinen ↬ Abstecher rechts vom Weg zum Eifel-Blick Effelsdach, der - mit Rastbänken und einer Schutzhütte - zu einer kleinen Rast einlädt. Hier oben auf dem Effelsdach können Sie einen weiteren Blick zur Burg Nideggen und ins Rurtal bis nach Zerkall und zur Felsgruppe Christinenley genießen. Auf dem Aussichtspunkt können Sie sehr gut erkennen, dass der rötliche Sandstein des Effels in früheren Zeiten als Baumaterial und für Mühlsteine genutzt wurde. Eine Mulde im Fels sieht so aus, als sei dort erst kürzlich ein etwa 90 cm messender Mühlstein herausgebrochen worden. Im 12.-15. Jh. wurde der Sandstein auch zur Herstellung von Kugeln verwendet, die bei Angriffen auf verfeindete Städte aus Wurfmaschinen auf deren Stadtbefestigungen geschleudert wurden.

Wieder zurück an der Infotafel wandern Sie nach rechts weiter. Hier verläuft auch der rote Teil des Landschafts-Entdeckungspfades Nideggen. Wenn man alle drei Rundwege kombiniert, kann man insgesamt 9,8 km bis nach Zerkall und zurück laufen. An der Gabelung halten Sie sich an den geradeaus und bergab führenden Weg (WW37), der sogar ein Geländer hat. Am Ende des Geländers gehen Sie scharf rechts bergab zur nächsten Gabelung, an der Sie, entgegen der Beschilderung des WW37, geradeaus auf

Blick hinüber zur Burg Nideggen

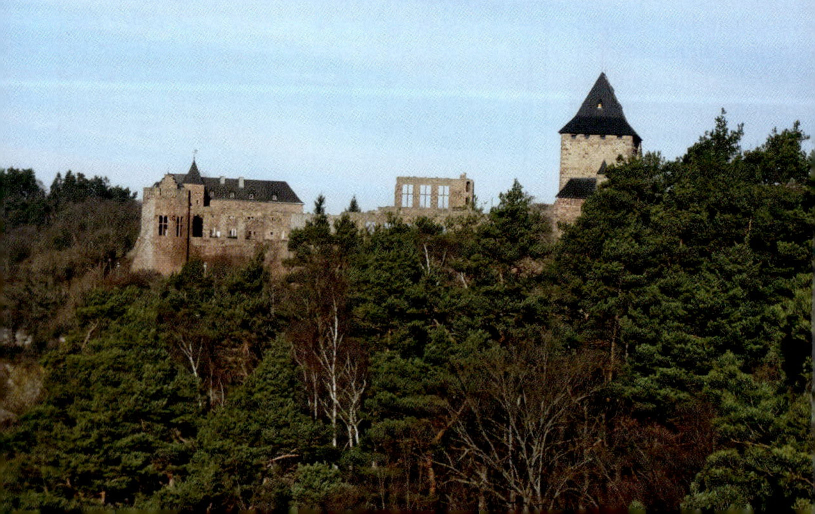

dem breiteren Weg bleiben und weiter bergab laufen. Nach etwa 30 m treffen Sie an einer Kreuzung auf die Buntsandsteinroute, dieser folgen Sie nach rechts Richtung Kreuzau und Nideggen. Hier verläuft gleichzeitig der Josef-Schramm-Weg ▶. Der Weg verläuft unterhalb der Felsgruppe Effels und Sie passieren die Rettungspunkte Effels 1, 3, 4, 5, 6 und 7.

Effels

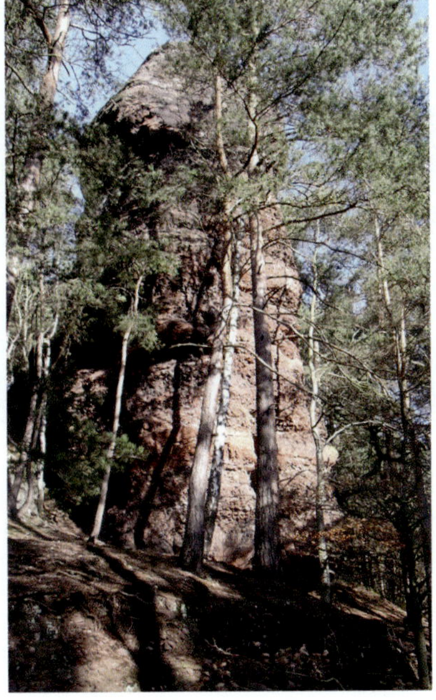

Der Effels

Die 5-30 m hohen Buntsandsteinfelsen am Effels erstrecken sich auf über 1 km Länge oberhalb der Rur. Sie entstanden vor etwa 200-225 Millionen Jahren. Ihre rötliche Färbung haben sie durch einen hohen Anteil von Hämatit, einer roten Eisenverbindung. Die Effelsley, die Hirtzley und einige weitere Einzelfelsen am Effels zählen zu den letzten erlaubten Klettermöglichkeiten im Rurtal. Viele andere ehemalige Kletterfelsen stehen inzwischen unter Naturschutz.

Der Weg wird hinter den Felsen zunächst links von Nadelwald und rechts von Birken gesäumt, später führt er durch Mischwald. Bald schon schimmert rechter Hand der rote Turm der Jugendherberge durch die Bäume. Wer nicht schon wieder zurück zum Auto will, bleibt an der folgenden Wegkreuzung geradeaus auf der Buntsandstein-Route (▶). An der Kreuzung mit dem ⩩ Picknicktisch wandern Sie ebenfalls noch geradeaus Richtung Burg Nideggen.

Im Naturschutzgebiet halten Sie sich an der ersten Gabelung rechts, nach 30 m geradeaus und nach weiteren 20 m wieder rechts (Buntsandstein-Route und ▶). Sie wandern nun oberhalb einer ⩩ Schutzhütte entlang, kommen an einer Rastbank vorbei und steigen die Stufen hinab. Jetzt passieren Sie einen Felsen, der zum Klettergebiet Burgmauer

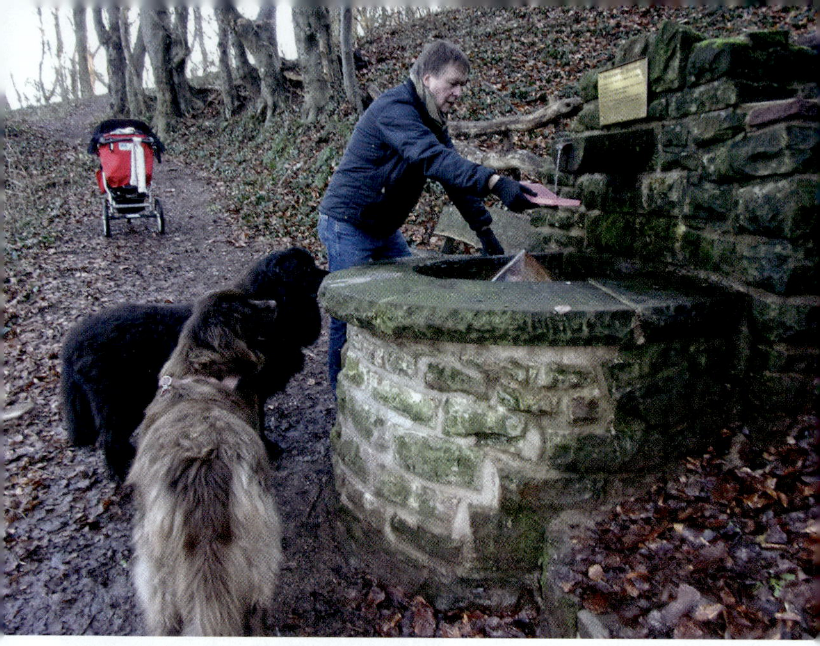

Heimersteiner Brunnen

gehört, das momentan allerdings gesperrt ist. Bei genauem Hinschauen können Sie aufgemalte Routeneinstiege wie „Schlappschwanz“ erkennen.

Sie passieren eine Sitzbank und kommen zu einer Höhle im Fels. Der Weg verläuft nun unterhalb der Burg Nideggen. An der Gabelung, an der es nach links Richtung Nideggen-Brück geht, steigen Sie der Markierung der Buntsandstein-Route folgend rechts einige einzelne Stufen hinauf zu einem Felsen mit Sitzbank und Ausblick nach Brück. Der Weg führt hinter der Bank scharf rechts weiter, leicht bergauf zum nächsten Felsen.

Dieser heißt Zwei Brüder und entpuppt sich bei genauerem Hinsehen als Felsenpaar. Er ist gleichzeitig Rettungspunkt und hat eine gemauerte Basis. Auf dem rechts an den Zwei Brüdern entlangführenden Hangweg passieren Sie den schon 1356 erstmals urkundlich erwähnten Heimersteiner Brunnen (mit Sitzbank). Kaum vorstellbar, dass dieses müde Getröpfel früher einmal der Wasserversorgung von ganz Nideggen gedient haben soll!

Dort gehen Sie an der Gabelung rechts, an der nächsten Gabelung ist ein kleiner Abstecher von 50 m zu einem weiteren Aussichtspunkt mit Picknicktisch möglich.

Weiter geht es geradeaus auf der Buntsandstein-Route. Wer Stufen nicht scheut, kann hier rechts über die Treppe Richtung Burg abkürzen, der beschriebene Weg führt ohne Stufen im Bogen zur Burg. Dazu verlassen Sie am Waldende die Buntsandstein-Route und biegen scharf rechts ab. Hier verläuft wieder der WW37. Sie passieren einen Platz mit drei Infotafeln, zwei Sitzbänken und einem Rastpavillon. An der Burgmauer entlang steigt der wie eine Allee rechts und links von Bäumen gesäumte Weg langsam zur Burg hin an. An der T-Kreuzung biegen Sie links ab und erreichen das Burggelände. Für eine Besichtigung der Burg wenden Sie sich nun nach rechts.

Ab 1177 ließen die Grafen von Jülich die Burg hoch über dem Rurtal erbauen. Schnell entwickelte sich eine lebhafte Siedlung, sodass Nideggen bereits 1313 die Stadtrechte erteilt wurden. Im 16. bis 19. Jh. wurde die Burg mehrfach zerstört, dann aber ab 1902 wieder aufgebaut und seither zunächst als Heimatmuseum, dann als Burgenmuseum genutzt. Besonders eindrucksvoll ist der Gerichtssaal, in der die Besucher sehr anschaulich über die Verhör- und Foltermethoden des Mittelalters informiert werden.

⌘ Burgenmuseum in der Burg Nideggen, ☎ 024 27/63 40, www.burgenmuseum-nideggen.de, Di bis So 10:00 bis 17:00

✕ Burgrestaurant in der Burg Nideggen, Kirchgasse 10, 52385 Nideggen, ☎ 024 27/909 10 66, 01 71/470 88 33, Di bis So 12:00 bis 14:30, 18:00 bis 22:00

Von der Burg kommend geradeaus bzw. in ursprünglicher Laufrichtung links laufen Sie nun auf Kopfsteinpflaster auf den Ort Nideggen zu. Sie passieren den Friedhof und die Pfarrkirche Sankt Johannes der Täufer. Die dreischiffige Basilika wurde im 12. und 13. Jh. aus Nideggener Buntsandstein gebaut. Sie durchschreiten das Burgtor und wandern auf der Kirchgasse hinab nach Nideggen.

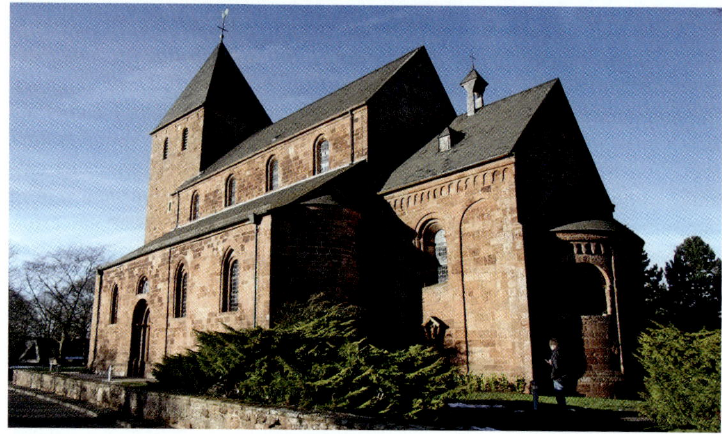

Pfarrkirche Sankt Johannes der Täufer

Die zwei Brüder

Experten können den im 12. Jh. benutzten Ortsnamen Namen Nideck, aus dem sich das heutige Nideggen ableitet, nicht zweifelsfrei erklären. Der Überlieferung nach lebten auf der nahen Burg Berinstein zwei Brüder. Als sie sich so heftig miteinander stritten, dass ein weiteres Zusammenleben nicht mehr möglich war, baute der eine Bruder auf der anderen Rurseite eine neue Burg. Da diese durch die Zwietracht und den Neid der beiden Brüder entstanden war, wurde sie von den Dorfbewohnern Neid-Eck genannt.

Sie folgen nun der nach rechts führenden Zülpicher Straße. Diese Fußgängerzone bietet einige Einkehrmöglichkeiten vom ☕ Eis-Café bis zum ✕ Restaurant mit Eifel-Spezialitäten. Durch das Zülpicher Tor durchschreiten Sie die Stadtmauer und laufen auf dem Gehweg an einem P Parkplatz entlang geradeaus bis zur Abender Straße. Dieser folgen Sie auf dem Gehweg nach rechts. (☺ Wenn Sie die Abender Straße meiden wollen und ein weiteres Gefälle und die folgende Steigung nicht scheuen, gehen Sie am Ende des Parkplatzes noch vor der ⚕ Apotheke nach rechts auf dem Fußweg zurück zu der Wegkreuzung unterhalb der Jugendherberge. Dort halten Sie sich links und finden problemlos zum Startpunkt zurück.) Nach nur 200 m auf dem Gehweg neben der Abender Straße folgen Sie rechts dem Wegweiser Richtung Eifel-Blick (Im Effels) und erreichen den Startpunkt.

③ Am und auf dem Obersee

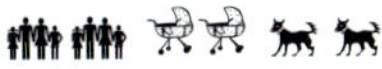

Tour für wanderfreudige Schiffsreisende

Auf dem Eifelsteig und anderen schönen Wegen führt diese Wanderung am Obersee durch den Nationalpark Eifel. Diese Tour ist für Kinder besonders spannend, wenn die kurze Variante (Schwierigkeitsstufe Grün) gewählt wird. Das bedeutet nämlich, dass eine Hälfte der Strecke mit einem Ausflugsboot zurückgelegt wird.

- Start/Ziel: Einruhr, Am Obersee, GPS N 50°34,888 E 006°22,772
- 17,1 km (auf 5,2 km verkürzbar)
- etwa 6 Std. (auf etwa 2 Std. verkürzbar)
- 643 m/643 m (190 m/190 m)
- 281-401 m (281-325 m)
- Eifelsteig, Wasserland-Route, WW6
- Ausflugslokal Urftseemauer (km 7,9), Café Haus am Obersee (km 13), weitere Restaurants in Einruhr (km 0/km 17,1) und Rurberg (km 12,3)
- Schutzhütten bei km 1,3, km 3, km 14,6 und km 16,1, außerdem unterwegs Rastplätze und Sitzbänke vorhanden
- WC öffentliche Toiletten im Heilsteinhaus (Einruhr) und im Rurseezentrum (Rurberg)
- Bademöglichkeiten in Naturfreibädern in Einruhr (km 0/km 17,1, 500 m) und in Rurberg (km 12,3, 200 m)
- GC2GTEW Wildnis Trail 2 (Aussicht auf den Obersee), GC4A2JZ RuV #5 Urftseestaumauer, GC53DHF Zeitzeuge am Obersee, GC8586 bridge over troubled water (Difficulty 5), alles Tradis
- Die ziemlich lange Wanderung kann durch Schiffstouren und Pausen in einem der Freibäder erleichtert, verkürzt und verschönert werden. Dazu nehmen Sie in Einruhr das Rurseeschiff nach Rurberg und wandern von dort das letzte Drittel der Strecke am Seeufer entlang.
- Weitgehend buggytauglich, kurz vor Ende gibt es eine holprige Serpentinenstrecke bergab.
- Leinenpflicht im Nationalpark, außerhalb schöne Freilaufstrecken und viel Wasser in Bächen und am Seeufer. Die letzten Meter auf der B266 sind auch mit der Leine sicherer.
- Bushaltestelle Einruhr, Bus SB63 von Simmerath
- P Parkmöglichkeit am Startpunkt

 Rursee-Schifffahrt, Routen: Einruhr (km 0) – Jägersweiler (km 3,5) - Rurberg (km 11,7) und Urftseemauer (km 8,1) – Rurberg (km 11,7), ☏ 024 46/479, www.rursee-schifffahrt.de, Mai bis Aug 4-8x, Apr, Sep, Okt 3-6x

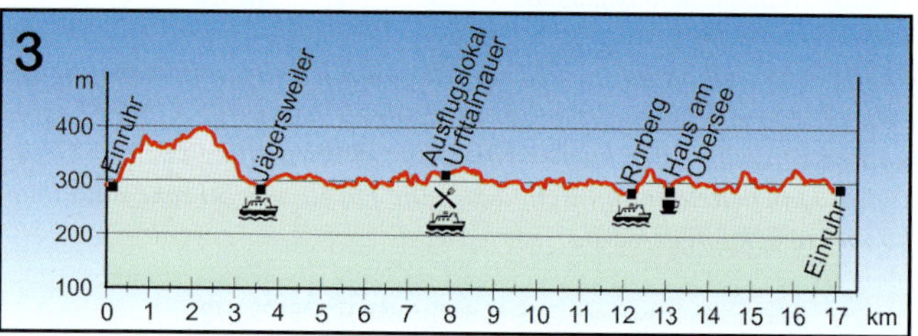

In der Rurstraße gehen Sie geradeaus bis zu dem Platz mit der Sparkasse. Ab hier können Sie bis zur Urftsee-Staumauer den Wegweisern des Eifelsteiges folgen.

Nationalpark-Infopunkt Einruhr im Heilsteinhaus, Franz-Becker-Straße 2, 52152 Simmerath-Einruhr, ☏ 024 85/317, 10:00 bis 17:00, 200 m

An der linken Seite eines Hotels laufen Sie den schmalen Weg Konsumspättche hinauf und auch danach durch eine Straße und Sackgasse weiter bergauf. Wenn Sie den Wilhelmsgarten 26 erreichen, suchen Sie links den Fußweg an den Büschen, ihm folgen Sie bis zur nächsten Wegkreuzung, hier links bergab und an der Gabelung rechts hinauf zum Waldrand. Sie bleiben nun eine ganze Weile am Waldrand, dazu gehen Sie anfangs bergab, hinter einem Kreuz wieder bergauf. Auf einem breiten Weg gehen Sie hinab in ein Tal und über einen geteerten Weg wieder bergauf. Der Weg führt nun links versetzt in einen Waldweg. An der Schutzhütte wechseln Sie links auf einen Feldweg, rechts auf die Straße Am Hostertberg und nach 20 m links auf den Weg nach Wollseifen („Wollseifen 4,5 km").

Sie folgen der gut ausgeschilderten Strecke zunächst über einen Forstweg bergauf, dann an einer Gabelung links bergab. Links im Tal ist immer der Obersee zu sehen, der alte Eifelsteig verlief an dessen gegenüberliegendem Ufer. Hinter einer kleinen Schutzhütte in einer Haarnadelkurve verlockt ein Trampelpfad zu einer Abkürzung rechts über die Wiese. Bitte tun Sie aber dem Landwirt, nachfolgenden Wanderern und deren Verhältnis zueinander den Gefallen, weiter dem Weg am Waldrand zu folgen und erst auf dem Uferweg scharf rechts zum Schiffsanleger Jägersweiler abzu-

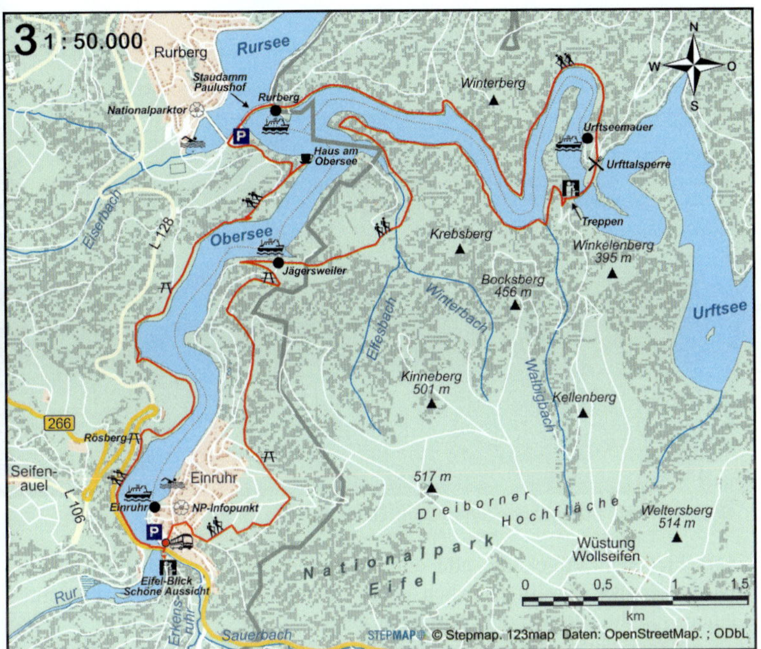

biegen. Hier ist in den Sommermonaten eine weitere Verkürzung der Etappe zur Urftseestaumauer per Ausflugsboot möglich.

Kurz hinter dem Anleger betreten Sie an der ehemaligen Pförtnerhütte des Truppenübungsplatzes den Nationalpark Eifel, den ersten und bislang einzigen Nationalpark in Nordrhein-Westfalen. Bitte nehmen Sie sich die Zeit, die Informationstafel gründlich zu studieren, damit Sie sich so verhalten, wie es der empfindlichen Flora und Fauna des Nationalparks angemessen ist. Das Wichtigste ganz kurz: Finger weg von Pflanzen und Tieren! Die Wege dürfen nicht verlassen werden, Hunde müssen an die Leine.

Im Nationalpark werden Sie mitunter vergeblich nach Eifelsteig-Markierungen Ausschau halten. Hier helfen die Holzpfosten mit rotem Kopf bei der Orientierung.

Besonders eindrucksvoll empfand ich den ersten Teil der Nationalparkstrecke, als ich ihn am Morgen allein lief. Die Vielfalt der zahlreichen

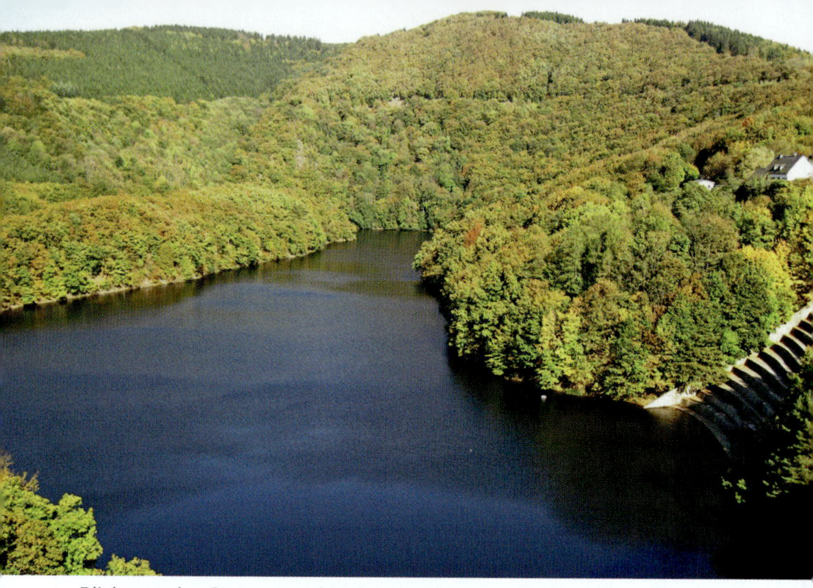

Blick von der Staumauer hinab zum Obersee

verschiedenen Vögel, die alle durcheinander singen, ist überwältigend. Dieser Zauber entfällt natürlich beim Wandern in der Gruppe oder mit einem ständig erzählenden Wanderpartner.

Anfangs laufen Sie über offene Wiesen, links stehen zwei Hausruinen. Sie queren einen Bachlauf mit Gedenkstein („4. Field Squadron Royal Engeneers August 1983"), danach laufen Sie rechts vom Bach bis zu dessen Mündung in den Obersee. Links haben Sie einen Blick auf den Ort Rurberg. Auf dem Uferweg bleiben Sie nun bis zur Urftseemauer. Dazu gehen Sie am Ende einer Landzunge im spitzen Winkel nach rechts und später steil den Kellerberg hinauf.

Nun verlassen Sie den Eifelsteig, der von hier über die Wüstung Wollseifen nach Vogelsang führt (☞ Tour 5: Vogelsang).

Der Weg links zurück führt nach 80 m zur Staumauer zwischen Urftsee und Obersee. Von dort haben Sie einen guten Ausblick auf die beiden Stauseen und die Burg Vogelsang. Am Ende der Staumauer finden Sie ein ✕ Ausflugslokal und eine 🚌 Bushaltestelle (Wasserlinie 231 von/nach Düren und Gemünd).

✕ Ausflugslokal Urftseemauer, Urftalsperre 1, 53937 Schleiden, ☏ 024 21/570 47, Nov bis März Mo, Di Ruhetag. Hausgemachte Eifel-Gerichte, Gastraum mit Kamin, großer Biergarten

Hinter dem Lokal haben Sie die Wahl zwischen einer kurzen Fahrt mit dem Ausflugsschiff (dazu steigen Sie den Hinweisschildern folgend nach links hinab zum Anleger) und einer etwa einstündigen Wanderstrecke auf dem Urftseerandweg. Er dürfte hier gar nicht mehr so heißen, denn er führt 3,8 km am Rand des Obersees – nicht am Urftsee - entlang und endet an der Staumauer zwischen Obersee und Rursee. Auf dieser geteerten Strecke sind auch viele Radfahrer unterwegs. Sie können sich nun an die Markierungen der Wasserland-Route halten, was aber im Grunde gar nicht nötig ist, weil Sie immer nur auf dem Uferweg bleiben müssen. Geocacher sollten sich den Cache in dem halb im Wasser liegenden Gruppenunterstand aus dem Zweiten Weltkrieg nicht entgehen lassen, der sich auf der Spitze der Landzunge befindet.

Urftsee

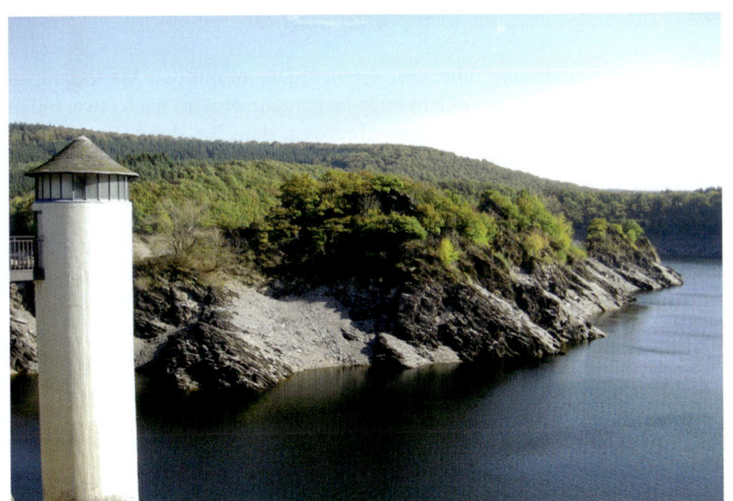

Rurtalsperre Schwammenauel

Die 1938 angelegte Talsperre ist 77,5 m hoch und staut zusammen mit ihrer Vorsperre am Obersee über 203 Millionen Kubikmeter Wasser. Damit ist der Rursee der Stausee mit dem zweitgrößten Stauvolumen Deutschlands nach dem Bleilochstausee in Thüringen. Der große Rurstausee dient neben der Wasserstandsregulierung und der Stromerzeugung vorwiegend der

Erholung und dem Wassersport, während der Obersee der Trinkwasserversorgung vorbehalten ist. Der an den Obersee angrenzende Urftsee entstand nach dem Bau der Urftstaumauer und wurde 1905 durch sein Wasserkraftwerk bekannt, das damals mit seinen acht Francis-Turbinen und 12 Megawatt das größte seiner Art in ganz Europa war.

Hinter dem Schiffsanleger Rurberg wandern Sie auf dem Staudamm Paulushof zwischen dem Rursee und dem Obersee hindurch und überqueren einen Parkplatz. Sie erreichen einen weiteren Staudamm, an dessen Ende Sie das Naturfreibad und das Nationalparktor in Rurberg erreichen würden.

Nationalparktor im Rurseezentrum der Rursee-Touristik GmbH, Seeufer 3, 52152 Simmerath-Rurberg, 024 73/937 70, 10:00 bis 17:00,

Naturfreibad am Rurseezentrum, 024 73/937 70

Die Rundwanderung führt aber vor dem Damm mit den Markierungen der Wasserland-Route auf einem Fußweg bergauf, er wird nach etwa 100 m zum Pfad. Dieser mündet in einen Teerweg, dem Sie durch eine leichte Rechtskurve folgen. Dabei orientieren Sie sich an den Markierungen des örtlichen Wanderwegs 6 und nicht mehr an der Wasserland-Route, das erspart Ihnen einige unnötige Höhenmeter.

Nach einer Rechtskurve biegen Sie scharf links in einen Schotterweg ein. Dieser Abstecher bringt Sie zu einer idyllischen Halbinsel, an deren Spitze das Café Haus am Obersee zur Einkehr verführt. Wer mit dem Schiff nach Rurberg gefahren ist, hat dieses Café schon von Bord aus erspäht. Entsprechend können im Garten des Cafés die vorbeiziehenden Ausflugsschiffe beobachtet werden.

Café Haus am Obersee, Hannesauel 1, 52152 Simmerath-Rurberg, 01 52/57 02 82 85, www.haus-am-obersee.de, aktuelle Öffnungszeiten auf der Homepage. Kuchen und kleine Gerichte

Nach der Stärkung gehen Sie auf der Zufahrt zurück zum Teerweg und geradeaus durch eine Schranke. Von rechts kommt nun wieder die Wasserland-Route hinzu, Sie setzen Ihren Weg geradeaus durch den Wald fort und passieren einige Grundstückszufahrten. Der Hang fällt hier steil zum Obersee ab, der Weg führt in Serpentinen zum Ufer, das ist mit dem Buggy eine holprige Angelegenheit.

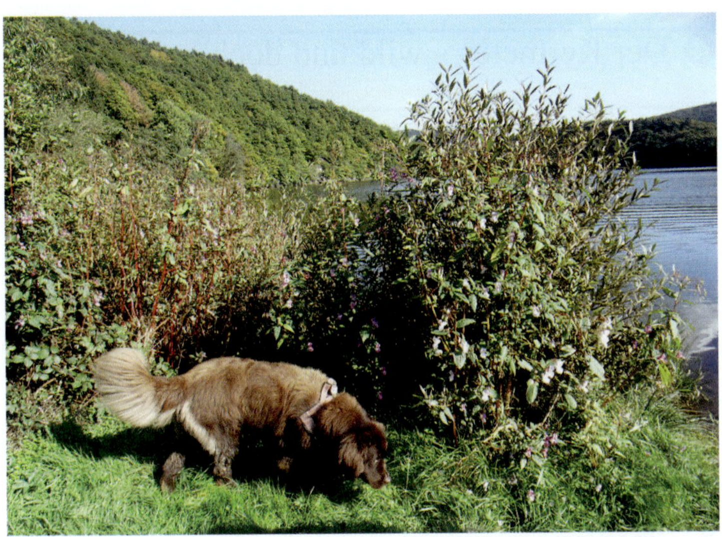

In den Auen kurz vor Einruhr

Sie erreichen eine Bucht, in der das Ufer so flach abfällt, dass Hunde bequem ans Wasser können. An einer Schutzhütte wandern Sie links weiter am Seeufer entlang. Einige Picknicktische und Rastbänke bieten die nächste Gelegenheit für eine Pause. Nachdem Sie einen Bach gequert haben, lockert der Wald auf und der bisherige Waldweg führt als Wirtschaftsweg unterhalb einer Viehweide entlang.

Die ersten Häuser von Einruhr tauchen schon am anderen Ufer des Obersees auf und der Weg führt ein letztes Mal bergauf. An der Gabelung gehen Sie links bergab und passieren die Schutzhütte Rösberg. Der Weg endet an der B266, dieser folgen Sie auf dem Gehweg nach links über die Rurbrücke. Hinter der Brücke biegen Sie sofort wieder links in die Rurstraße und erreichen nach wenigen Schritten den Startpunkt.

Wer noch Kraftreserven hat, kann an der Brücke die B266 queren und zunächst neben der Rur, dann nach links bergauf zum Eifel-Blick Schöne Aussicht aufsteigen (➲ etwa 200 m). Von dort haben Sie einen guten Blick in das Tal der oberen Rur, auf den Nationalpark Eifel und hinüber zu den Orten Eicherscheid und Dedenborn.

④ Der Kermeter – wild und doch barrierefrei

Tour für wirklich jeden!

Ein barrierefreier Wanderweg und ein ebenso barrierefreier Naturentdeckungspfad mit Infotafeln und interaktiven Stationen bieten Wanderern mit und ohne Behinderung in jedem Alter einen erlebnisreichen Ausflug in den Nationalpark Eifel. Selbst an heißen Sommertagen ist diese Strecke gut zu laufen, denn sie verläuft durch den dicht bewachsenen Kermeter.

Start/Ziel: Rastplatz Kermeter, GPS N 50°36.950' E 006°26,239'
7,4 km
etwa 2 Std. 30 Min.
146 m/146 m
468-519 m
keine Markierung
Es gibt keine Einkehrmöglichkeit, bitte Rucksackverpflegung einpacken!
Rastplatz am Start/Ziel, zahlreiche Sitzbänke und Ruheliegen unterwegs
WC öffentliche Toilette am Startpunkt
Tradis: GC4XZV3 Hirschley, GC5AHXQ Nano im Nationalpark „Blick auf Vogelsang". Außerdem vier schöne Multis zwischen Start und Schwarzem Kreuz, der GC5ATFG „Wilder Weg" im Nationalpark Eifel ist sogar ohne Umweg zu laufen.
kurzweilige Wanderung im Wilden Kermeter, Waldabenteuer auf dem Wilden Weg
Buggytauglichkeit ist zu 100 % gegeben, der Weg ist barrierefrei.
Der Weg liegt komplett im Nationalpark Eifel, also besteht Leinenpflicht. Wasser bitte mitnehmen.
Bushaltestelle Kermeter-Höhe, Bus 231 von Heimbach, Mäxchen von Gemünd
Wanderparkplatz Kermeter
Sonntags um 13:00 bieten die Nationalpark-Ranger im Sommer Führungen durch den Wilden Kermeter an.

Barrierefrei wandern im Nationalpark Eifel

Der Wilde Kermeter ist eine vorbildlich angelegte Route, auf der Menschen mit Behinderungen eigenständig den Nationalpark Eifel erkunden können. Bereits an der Bushaltestelle beginnt das taktile Blindenleitsystem, das sich auf der ganzen Strecke wiederfindet. Infotafeln informieren in einfachen Worten, also auch für Menschen mit Lernbehinderung, zusätzlich in

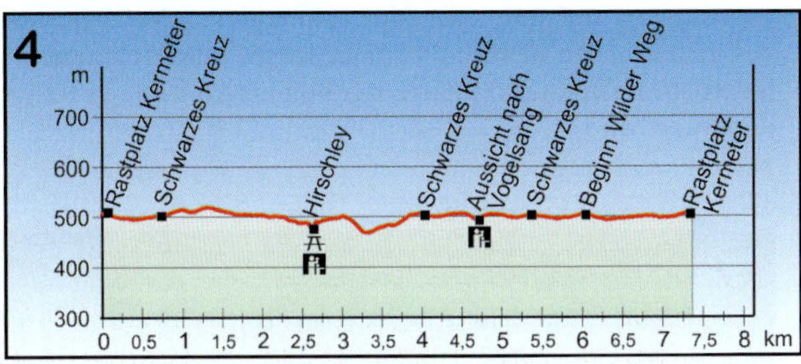

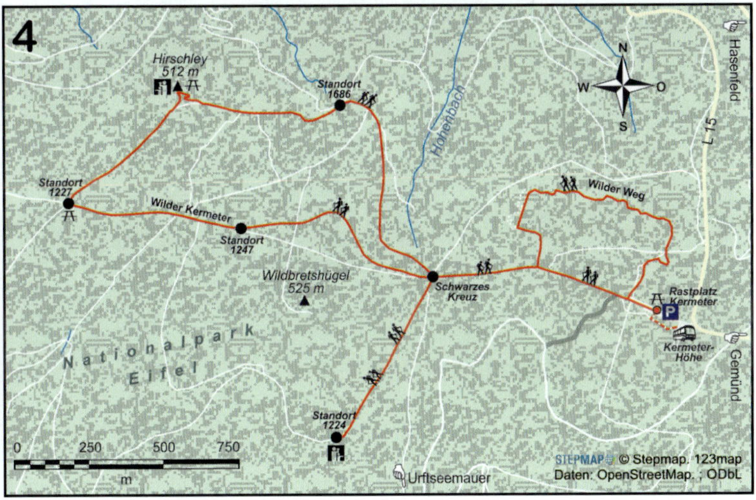

Blindenschrift. An gefährlichen Stellen verhindern am Rand des Weges liegende Holzstämme, dass ein Sehbehinderter, Rollstuhl, Rollator oder Kinderwagen versehentlich den Weg verlässt und den Hang hinabstürzt. Der spezielle Bodenbelag sorgt dafür, dass Rollstühle und Gehhilfen nicht in den Untergrund einsinken, das gefällt auch Wanderern ohne Behinderung, die nach langen Regenperioden unterwegs sind.

Der Weg beginnt unterschiedlich für Busreisende und motorisierte Wanderer: Von der Bushaltestelle führt ein 250 m langer Weg in sicherem Abstand zum Parkplatz durch den Wald zum Rastplatz Kermeter.

Wanderer mit Auto oder Motorrad laufen in Verlängerung des Parkplatzes geradeaus zu den ⩫ Picknicktischen, Infotafeln und öffentlichen Toiletten am Rastplatz Kermeter, der von einem riesigen Rangerhut aus Holz dominiert wird.

Wandern durch den Buchenwald

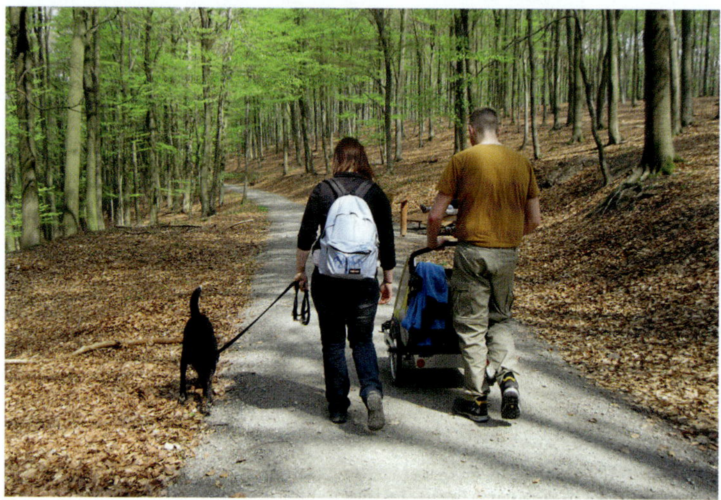

Gehen Sie zunächst knapp 800 m geradeaus bis zur Wegkreuzung Schwarzes Kreuz. Dort wandern Sie weiter geradeaus Richtung Hirschley. Der Weg führt leicht bergauf durch dichten Buchenwald, später kommt Nadelwald hinzu. Eine Sinnesliege und eine Sitzbank laden zu einer ersten Rast ein. Es handelt sich gleichzeitig um den Standort 1247, den Sie nennen sollten, wenn Sie einen Notruf absetzen müssen. Auf diese Weise wissen die Rettungskräfte genau, wo sie nach Ihnen suchen sollen.

Am Standort 1227 finden Sie eine ⩫ Schutzhütte vor, dort biegen Sie rechts ab, nun sind es noch 700 m bis zum Aussichtspunkt Hirschley. Hinter der nächsten Sinnesliege fällt der Hang neben dem Weg steil nach links ab, das ist aber wegen der dort liegenden Baumstämme selbst für sehbehinderte Wanderer und Kleinkinder ungefährlich.

Nun geht es nach links ein paar Schritte bergab zur Hirschley (⇧ 512 m). Am Eifel-Blick Hirschley haben Sie einen beeindruckenden

Panoramablick zum Nordufer des Rursees. Die Landzunge im Vordergrund ist der Backesberg, ganz links lässt sich der Ort Woffelsbach erahnen, ganz rechts ist die sogenannte Liebesinsel Eichert zu sehen.

Ein Landschaftsmodell aus Bronze macht die Umgebung und Aussicht auch für Sehbehinderte be"greif"lich. Der Kartentisch in der Mitte des ⩩ Rastplatzes mit Details sowohl zum Sehen als auch zum Tasten informiert über die Landschaft des Nationalparks und der Talsperren.

Ley

Mit Ley wird im Rheinischen genau genommen nur ein Schieferfels bezeichnet. Die Eifeler und Rheinländer bezeichnen aber oft auch viele andere Schiefergesteine und andere auffällige Felsen mit der Endung -ley oder -lay. Der sicherlich bekannteste Schieferfels mit diesem Namensbestandteil ist die Loreley am Rhein.

Hinter der Hirschley ist der Weg streng genommen nicht mehr barrierefrei, denn die zulässige maximale Steigung von 6 % wird leicht überschritten. Da es aber auch nur eine Steigung von 8 % ist, wird sie den wenigsten Fahrern von Rollstühlen, Rollatoren und Buggys Probleme machen.

Sie folgen dem Weg weiter und passieren den Standort 1710. Hier verläuft auch die knapp 38 km lange Bachtäler-Höhenroute, ein in Stolberg-Zweifall beginnender Partnerweg des Eifelsteigs. Der Weg führt zunächst bergab und zu einer weiteren Sinnesliege, dahinter halten Sie sich am Standort 1686 an den nach halb rechts führenden Weg. Auf ihm geht es etwa 800 m bergauf durch den lichten Wald zurück zum Schwarzen Kreuz und dort nach links zurück zum Startpunkt.

Wandern Sie an einem klaren Tag? Dann würde ich Sie gerne zu einem etwa 1,2 km langen ⇴ Abstecher mitnehmen. Dazu gehen Sie am Schwarzen Kreuz geradeaus weiter, ignorieren nach etwa 50 m den nach links Richtung Urftseemauer führenden Weg und laufen auf dem breiten Forstweg weiter, bis Sie kurz hinter dem Standort 1224 eine ⩩ Sitzbank und ein Schild mit der Aufschrift „Ende barrierefreier Ausbau" erreichen. Von hier haben Sie einen guten Blick hinüber zur Burg Vogelsang auf der Südseite des Urftsees – keine Adelsburg, sondern eine ehemalige NS-Ordensburg (☞ Tour 5: Vogelsang).

Nachdem Sie die Aussicht genossen haben, kehren Sie auf demselben Weg zum Schwarzen Kreuz zurück und gehen dort nach rechts zurück Richtung Startpunkt. Nur wenige Meter vor dem vermeintlichen Ziel werde ich Sie aber noch einmal vom Hauptweg abbringen, denn hier beginnt der neue Wilde Weg. Dieser ebenfalls barrierefreie kurze Rundweg (etwa 1,5 km) bietet neben Naturinformationen auch spannende Mitmach-Möglichkeiten.

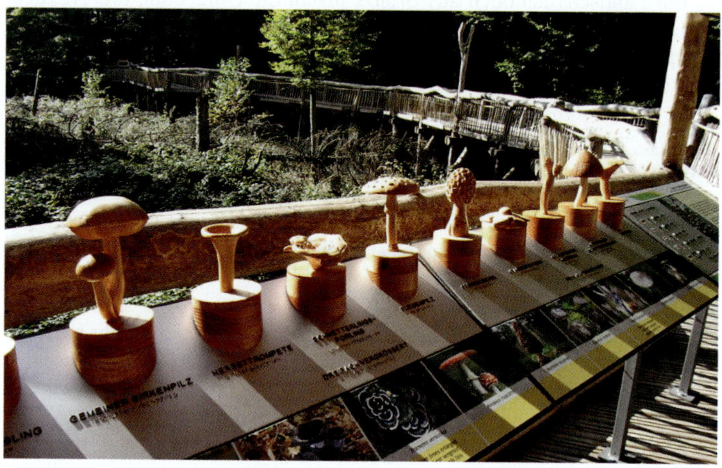

Pilzkunde auf dem Wilden Weg

Vom Hauptweg führt dazu (vom Parkplatz kommend rechts, vom Rundweg Wilder Kermeter kommend links) ein knapp 250 m langer Holzsteg durch den Wald. Dicht an dicht sind hier Informations- und Erlebnisstationen rund um das Thema Wald zu finden, Sie lernen viel über Ameisen, Spechtlöcher, Insektengänge, Pilze und vieles mehr. Am Ende des Steges führt ein ebenfalls barrierefreier Waldweg zu weiteren Infopunkten, an denen z. B. Sturmschäden erklärt werden oder die Größe der Baumkrone rund um einen Baumstamm gezeigt wird. Einige ⛼ Ruheliegen laden zum Verweilen ein.

Es folgt ein nach links führender Streckenabschnitt, auf dem sich jeder aus der Familie zwischen entspannter Barrierefreiheit und abenteuerlicher Kraxelei entscheiden kann. Denn neben dem ebenen Hauptweg wurde hier mit scheinbar wild durcheinandergeworfenen Baumstämmen, Stegen und Brücken ein Balance-Parcours geschaffen, auf dem wir sogar Senioren ohne Kinderbegleitung lachend herumklettern gesehen haben.

Am Ende dieser lustigen Kletterei erreichen Sie wieder den breiten Hauptweg, dem Sie nach links zurück zum Rastplatz folgen.

❺ Vogelsang: einst Truppenübungsplatz, heute Nationalpark

Tour für militärgeschichtlich interessierte Naturfreunde

Aus einem ehemaligen militärischen Übungsgelände wurde der erste Nationalpark Nordrhein-Westfalens. Diese Wanderrunde vermittelt Ihnen einen guten Eindruck von den Zeiten der militärischen Nutzung und warum man die Natur der Dreiborner Hochfläche danach für schützenswert hielt. Sonnenanbeter werden sich über die vielen Streckenabschnitte mit niedrigem Bewuchs freuen.

Start/Ziel: Parkplatz von Vogelsang ip, GPS N 50°34,906' E 006°26,874'

6,8 km

etwa 2 Std.

163 m/163 m

408-521 m

Eifelsteig, Wildnis-Trail

Restaurant Kaspers (km 0,1 bzw. 0,5)

Rastplatz in der Wüstung Wollseifen (km 3,8), Sitzbänke in Vogelsang und an der Wüstung Vogelsang

WC öffentliche Toilette in der Information

Tradis: GC4A2H1 RuV #1 Vogelsang, GC4F1ME Dorf Vogelsang, GC4A2JN RuV #6 Wollseifen; Mystery: GCT7E2 Nationalpark Eifel → Wollseifen Nr. 2

Eine 80 Jahre alte Kaserne und ein Geisterdorf werden erkundet. Die Wege dürfen nicht verlassen werden.

Die Tour enthält auf dem Gelände der Ordensburg einige Stufen und eine Treppe, die sich von Eltern mit gutem Orientierungssinn aber umgehen lassen.

Einige Betonwege, sonst viel Natur. Der Weg verläuft im Nationalpark, daher besteht Leinenpflicht.

Bushaltestelle Vogelsang, NationalparkShuttle SB82 von Gemünd und Wildnis-Linie 63 von Simmerath, Einruhr, Gemünd und Schleiden

Parkmöglichkeit am Startpunkt

offene Führung für Einzelbesucher tägl. 14:00, So/Fei auch 11:00, Treffpunkt: Forum am Adlerhof, Dauer: 90 Min.

begleitete Turmaufstiege, nur für Schwindelfreie

Von April bis Oktober können Sie am 1. und 3. Sonntag im Monat den Weg vom Kulturkino bis nach Wollseifen auch mit der Kutsche zurücklegen, Start am Kino 11:30 und 14:15.

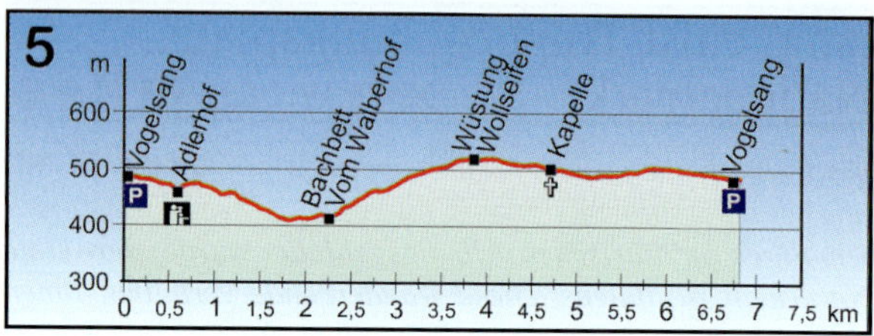

Es handelt sich um ein ehemaliges Militärgelände. Zwar wurde gründlich nach Munition gesucht, bis heute darf aber zur eigenen Sicherheit und zum Schutz der Natur nicht von den markierten Wegen abgewichen werden.

Den Hauptparkplatz verlassen Sie auf einer Panzerspur und gehen Richtung Aussichtspunkt/Besucherzentrum. Linker Hand etwas unterhalb des Weges liegt das alte Kino, das für die Abendgestaltung der belgischen Soldaten genutzt wurde. Bis zum Abschluss der Bauarbeiten im Adlerhof (voraussichtlich im Sommer 2015) befinden sich die Information, das Besucher-WC, die Cafeteria und ein ⌘ Museum in diesem ehemaligen Kinogebäude.

Folgen Sie weiter dem bisherigen Weg, er führt nun leicht bergab und an einer Straßenkreuzung geradeaus Richtung Aussichtspunkt. Gehen Sie die Treppe hinab und rechts am Gebäude entlang zum Aussichtspunkt am Adlerhof. Von hier lässt sich ein herrlicher Panoramablick über das Tal des Urftsees genießen. Nach Abschluss der Bauarbeiten ist dies wieder der zentrale Anlaufpunkt für alle Besucher, auch der Aussichtsturm wird dann wieder geöffnet sein.

Serviceagentur Vogelsang, Forum Vogelsang, ☏ 024 44/915 79-0, www.vogelsang-ip.de, service@vogelsang-ip.de, tägl. 10:00 bis 17:00, Heiligabend und Silvester 10:00 bis 14:00

Restaurant Kaspers, Adlerhof 900, ☏ 024 44/91 25 89, 10:00 bis 17:00. Hier gibt es eine kleine Auswahl an Speisen wie Erbsensuppe, Bockwurst, Kuchen und Getränke.

Burg Vogelsang

Die gewaltige Anlage der Ordensburg Vogelsang, die 1934-36 erbaut wurde, war eines von drei Schulungslagern, die 1933 von Hitler zur Ausbildung des Führungsnachwuchses geplant und gebaut wurden. Die ande-

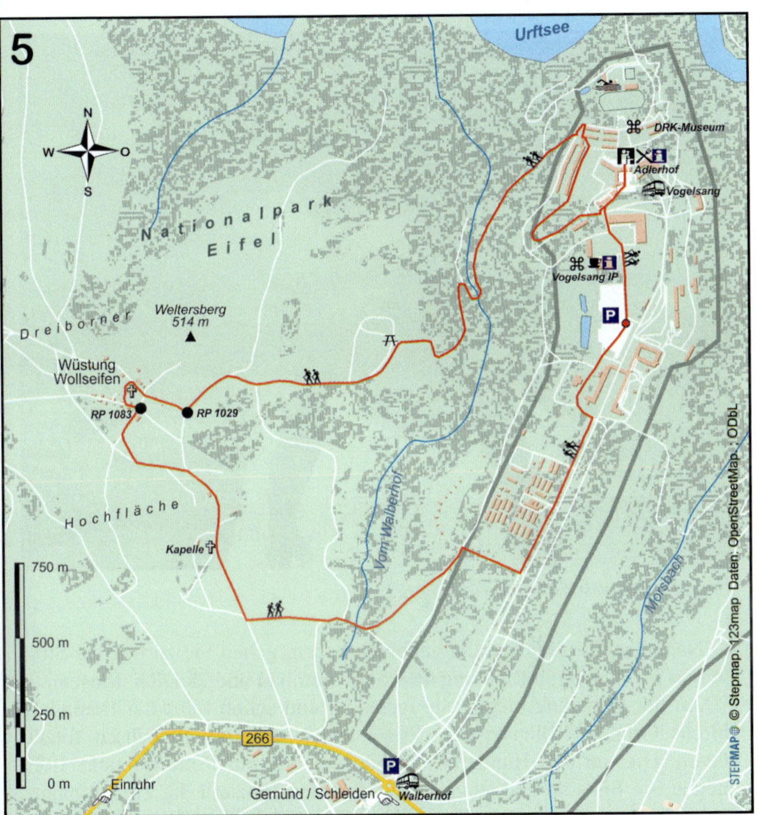

ren beiden entstanden in Sonthofen (Allgäu) und Crössinsee (Pommern). Vogelsang diente der NSDAP 1936 bis 1939 als Schulungszentrum für die Junker. Mit Ausbruch des Krieges meldeten sich alle Lehrgangsteilnehmer zum Kriegseinsatz, die Burg wurde an die Wehrmacht übergeben und als Wehrertüchtigungslager für Jugendliche und Truppenquartier für Westfeldzug und Ardennenoffensive genutzt. Nach dem Zweiten Weltkrieg war die Ordensburg zusammen mit dem Umland zunächst britischer, dann belgischer Truppenübungsplatz. Seit der Aufgabe des Standortes durch die Belgier im Jahr 2005 ist der Gebäudekomplex ein Informations- und Tagungszentrum, das stetig weiter ausgebaut wird.

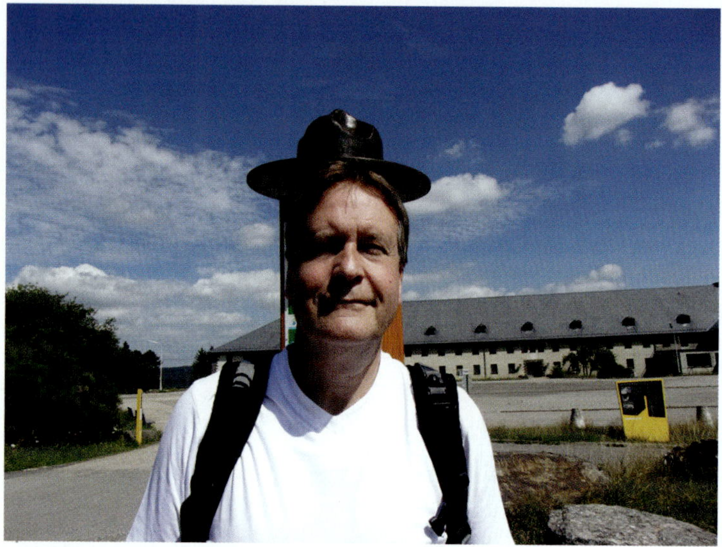

Ulk am Rangertreffpunkt Vogelsang

Nachdem Sie die Aussicht genossen haben, gehen Sie zurück zur Straße und rechts bergab Richtung Schwimmbad und ⌘ DRK-Museum.

An der Gabelung biegen Sie rechts ab und schon führt der Betonweg durchs Grüne: Grillen zirpen, Vögel zwitschern und Eidechsen flitzen davon. Hier an den Hundertschaftshäusern und am Rettungspunkt 1029 biegen Sie links ab und steigen zwischen den Häusern die Treppe hinab. Dabei können Sie sich an einem Wegweiser Richtung Wollseifen und an Markierungen des Eifelsteigs und des Wildnis-Trails orientieren.

Wildnis-Trail

Eine der vier Tagesetappen des Wildnis-Trails führt – meist parallel zum Eifelsteig – von Einruhr über die Dreiborner Hochfläche nach Gemünd. Wer diesen Trail komplett laufen will, startet in Monschau-Höfen und erreicht nach etwa 85 km in Nideggen-Zerkall sein Ziel.

Am Fuß der Treppe ist ein ↳ Abstecher nach rechts zum ⌘ DRK-Museum und zum Schwimmbad möglich.

Das ursprünglich für die Soldaten der Wehrmacht gebaute Schwimmbad wurde auch von den belgischen Soldaten genutzt und ist jetzt für die Öffentlichkeit zugänglich.

♦ Mo, Di, Do 16:00 bis 21:00, Mi 16:00 bis 18:00, Fr 16:00 bis 19:00 (im Sommer bis 21:00), Sa, Fei 11:00 bis 17:00, So 9:00 bis 17:00

Aussichtsturm am Adlerhof

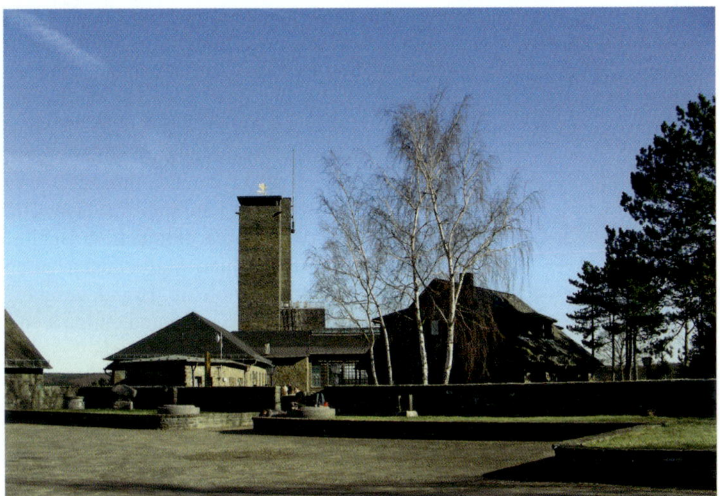

⌘ **Rotkreuzmuseum vogelsang ip**. Geschichte und Arbeit der internationalen Rotkreuz- und Rothalbmond-Bewegung sowie internationales Völkerrecht werden mit vielen Ausstellungsstücken aus dem Rotkreuzalltag anschaulich präsentiert.

♦ www.rkmvip.de, Mai bis Okt Sa, So, Fei 10:00 bis 17:00

Ihr Weg führt aber nach links weiter. Nach 50 m nehmen Sie den nach rechts führenden Schotterweg. Sie wandern nun durch schattigen Wald, überqueren einen Bach und laufen dahinter bergauf zum Rettungspunkt 1048. Hier folgen Sie dem Wegweiser nach links Richtung Wollseifen. Der Weg führt stetig bergauf, Sie passieren eine ⲁ Rastbank etwa auf Höhe des verschwundenen Dorfs Vogelsang und erreichen die nahezu ungeschützte Dreiborner Hochfläche mit meist niedrigem Bewuchs.

Am Rettungspunkt 1047 halten Sie sich halb rechts und folgen dem Wegweiser Richtung Wollseifen. Am Schild „de Zöleper-Jajß“ (Zülpicher Gasse) (Rettungspunkt 1029) biegen Sie rechts in die Dorfstraße.

Wüstung Wollseifen

Schon die Bezeichnung Wüstung lässt Böses ahnen. Der Ort Wollseifen geht bis ins 12. Jh. zurück. Nach Ende des Zweiten Weltkrieges entschied die britische Besatzungsmacht, dass die Region südlich der Urfttalsperre militärisches Übungsgebiet werden sollte. Die Bewohner von Wollseifen hatten glücklich den Krieg überstanden und wurden nun aufgefordert, binnen dreier Wochen ihre Häuser zu räumen. 120 Familien mit etwa 500 Personen waren plötzlich obdachlos, ihre Häuser und Stallungen wurden als Übungsziele in Brand geschossen. Nur die Kirche und einige wenige Hausruinen stehen noch.

Kirche in der Wüstung Wollseifen

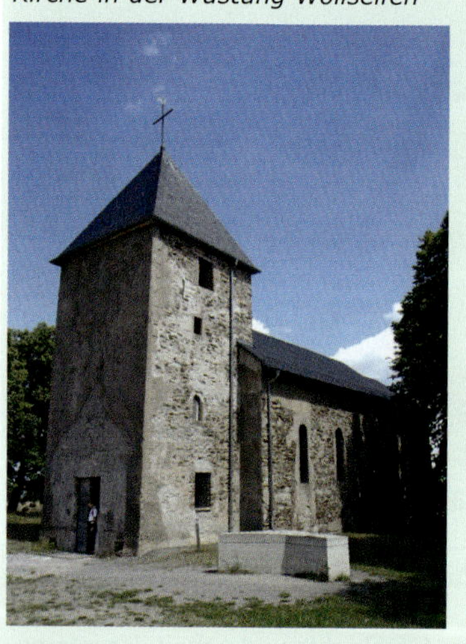

1950 übernahmen die belgischen Streitkräfte den Übungsplatz und bauten die weißen Kulissenhäuser, um den Häuserkampf zu üben. Hier wurde noch 2001 für den Kosovo-Einsatz trainiert. Nach dem Weggang der Belgier zum Jahreswechsel 2005/2006 wird die Wüstung nun zur Gedenk- und Besinnungsstätte umgestaltet. Das verlassene Dorf ist selbst an warmen Sommertagen bedrückend und bewegend. Die Kirche ist inzwischen restauriert, im Ort sind wieder die alten Straßennamen auf den Schildern zu lesen.

Sie passieren ein Trafohäuschen und gehen dahinter noch geradeaus weiter. Auf der nun erreichten Freifläche laufen Sie nach links durch die Ähßisch-Jajß (Essiggasse) zur Kirche der Wüstung Wollseifen. Hinter der Informationstafel zur Geschichte Wollseifens (⛶ Picknicktisch) biegen Sie links ab und gehen zum Rettungspunkt 1083, der in den Sommermonaten gleichzeitig Haltestelle für die zwischen Vogelsang und Wollseifen verkehrende Kutsche ist.

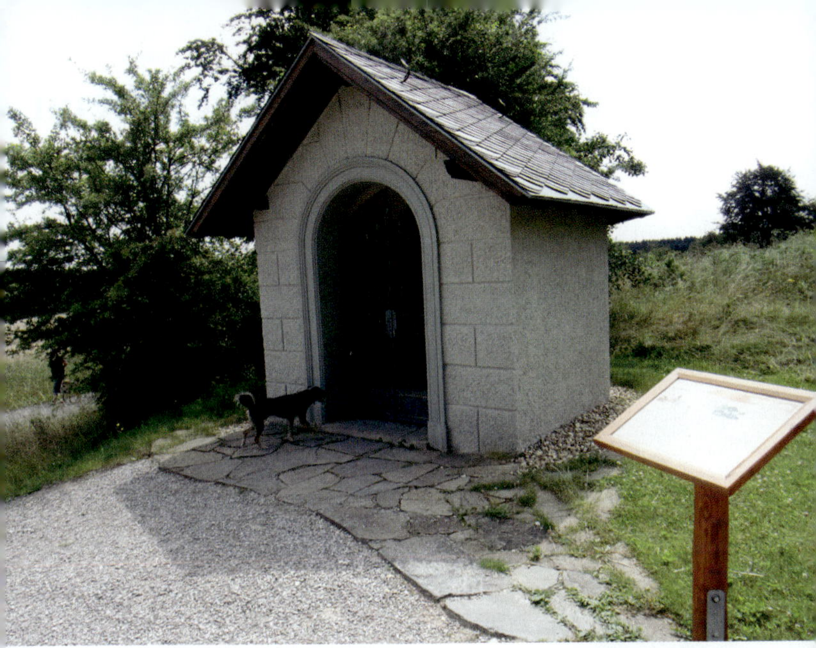

Kapelle hinter Wollseifen

An diesem Rettungspunkt biegen Sie rechts ab und passieren die alte Schule, dahinter laufen Sie auf einem breiten Schotterweg leicht bergab Richtung Herhahn. An der T-Kreuzung wandern Sie nach rechts Richtung Herhahn/Vogelsang und laufen auf der Dorfstraße zu einer 1908 erbauten Wegekapelle, die 2006 gründlich renoviert wurde.

In einer Lücke der Haselhecke befindet sich der Rettungspunkt 1027, dort nehmen Sie den nach links führenden Grasweg Richtung Vogelsang und genießen das Laufen über eine Wildblumenwiese, die von bunten Käfern und Schmetterlingen bewohnt ist. Der Weg führt bergab zu einem Bachtal, von dort geht es durch Niederwald und Buschland leicht bergauf.

An der Infotafel am Rettungspunkt 1051 biegen Sie rechts Richtung Vogelsang ab und laufen auf dem Teerweg bis kurz vor die Zufahrtsstraße. Am Rettungspunkt 1050 folgen Sie dem nach links abgehenden Fußweg, der parallel zur Straße bis zur Zufahrt zum **P** Parkplatz führt. Dieser Zufahrt folgen Sie und erreichen den Startpunkt.

II. Grenzgänge im Hohen Venn

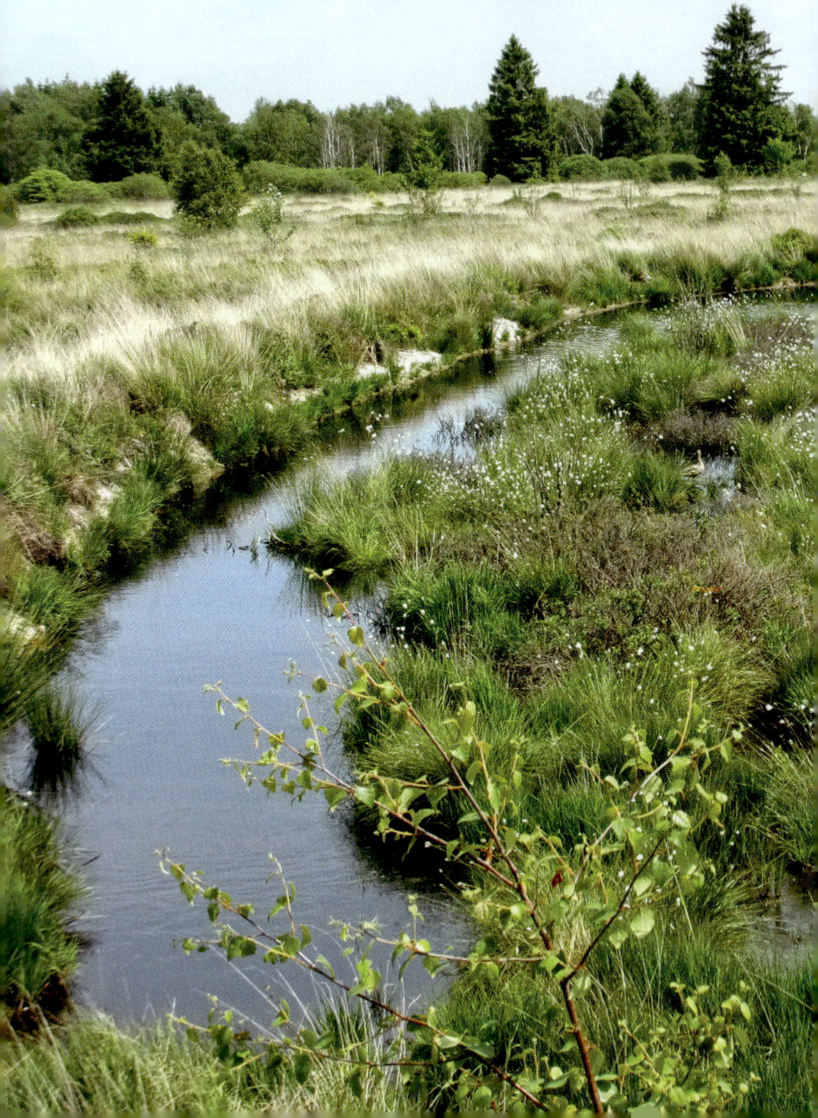

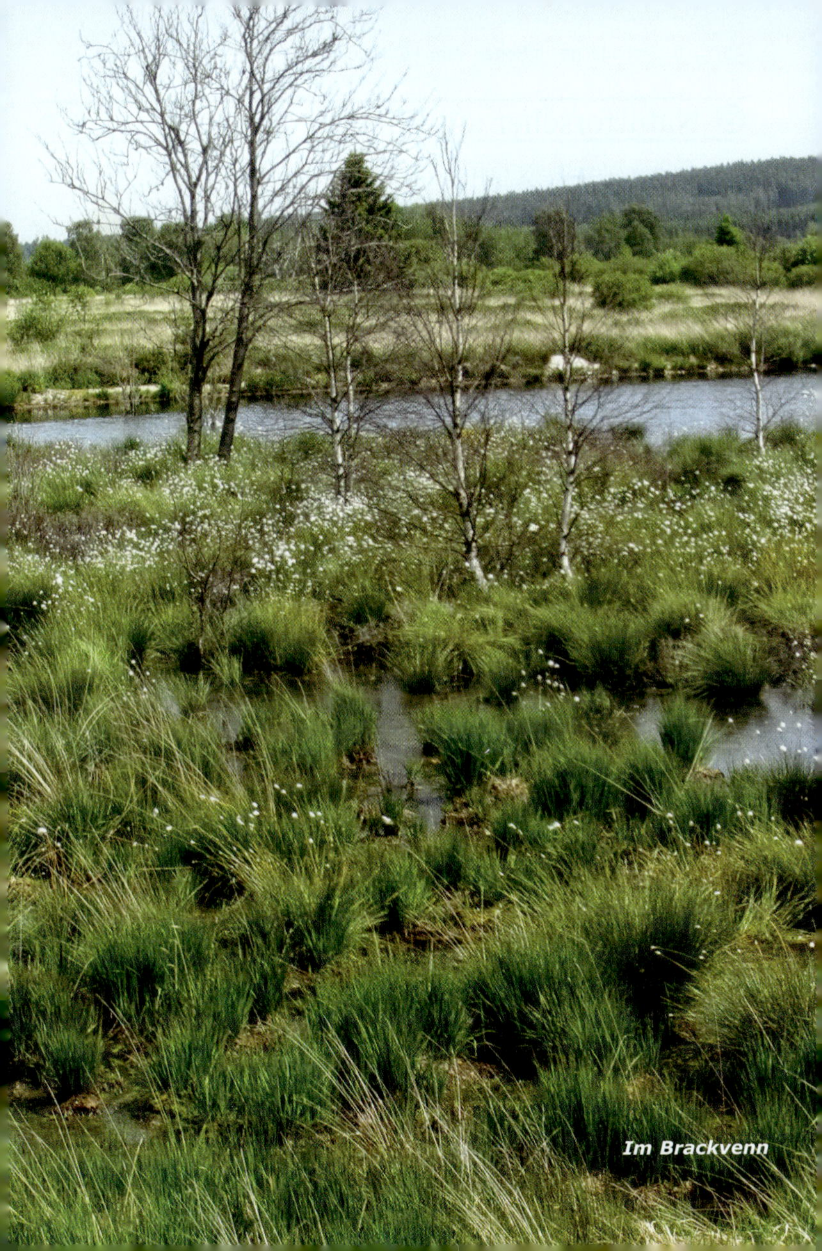

Im Brackvenn

6 Naturforscher am Eupener Stausee

Tour für waldinteressierte Familien

Der kleine Fuchs Foxy führt besonders gerne Familien durch den Wald oberhalb der Wesertalsperre. Auf neun Informationstafeln sind viele interessante Fakten über den Wald nachzulesen, an den Zwischenstationen sollen die Wanderer selbst aktiv werden. Ein Geocache begleitet diese Wanderung und am Ziel wartet ein großer Spielplatz. Wenn das keine Möglichkeit ist, selbst wandermuffelige Kinder in Bewegung zu setzen!

- Start/Ziel: P Wanderparkplatz Eupener Stausee, GPS N 50°37,345' E 006°05,502'
- 3 km
- etwa 1 Std.
- 48 m/48 m
- 359-383 m
- Markierungen des Waldlehrpfades
- Restaurant Wesertalsperre (km 0/km 3, 200 m)

Oh, Kastanien direkt am Startpunkt, spannend

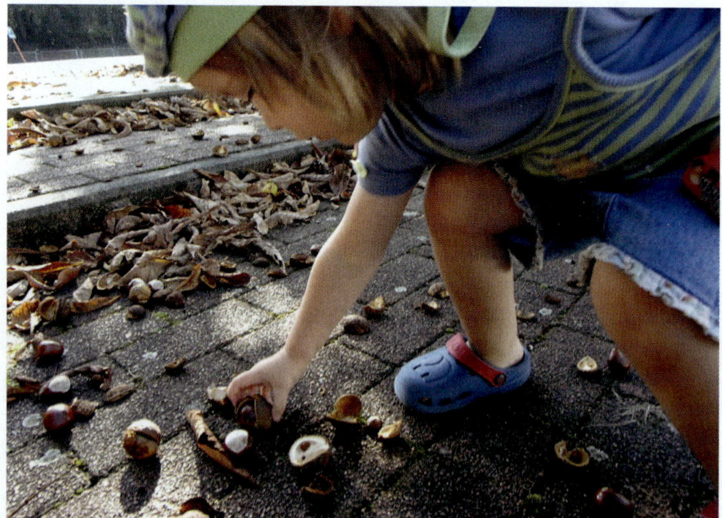

- zahlreiche Sitzbänke am Wegesrand
- Der Multicache GCYQ3W Foxy Trail wurde extra für den Walderlebnispfad gelegt.
- kurzer Rundweg auf einem Naturlehrpfad mit einigen Ausprobierstationen, Spielplatz und Kletterturm am Ziel
- Ein Abschnitt ist durch Steine und Wurzeln uneben und nur mit robusten Buggys befahrbar.
- Hunde können frei laufen und finden an einigen Bächen Wasser. Die Wanderung verläuft in Belgien, also den internationalen Heimtierausweis nicht vergessen.
- leider keine Busverbindung
- P Parkmöglichkeit am Startpunkt

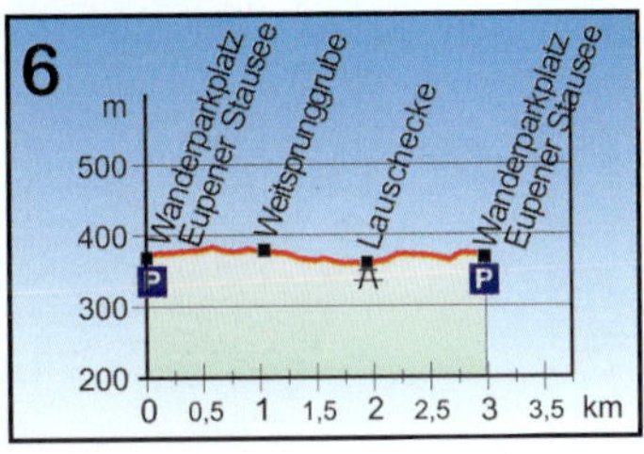

Ganz am Ende des P Wanderparkplatzes beginnt der Walderlebnispfad, eine Informationstafel auf dem Parkplatz verrät, dass die Strecke etwa 2,5 km lang ist. Hinter der Tafel gehen Sie auf dem Schotterweg zunächst geradeaus zur Station 1 (Der Wald als Spiegelbild der Gesellschaft). Kurz darauf können Sie ein Baumtelefon ausprobieren, wer fertig telefoniert hat, macht es sich am benachbarten Picknicktisch bequem.

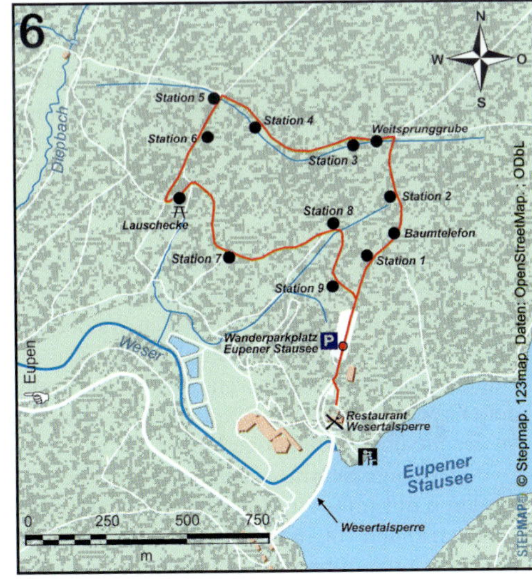

Sie wandern durch einen Mischwald mit viel Farn. An der Station 2 werden Sie über den Menschen als Bedrohung für den Wald informiert. Gehen Sie noch geradeaus bis zur Kreuzung, hier folgen Sie dem Weg nach links Richtung Eupen-Diepbach. Der Weg verläuft parallel zu einem Bach und erreicht eine

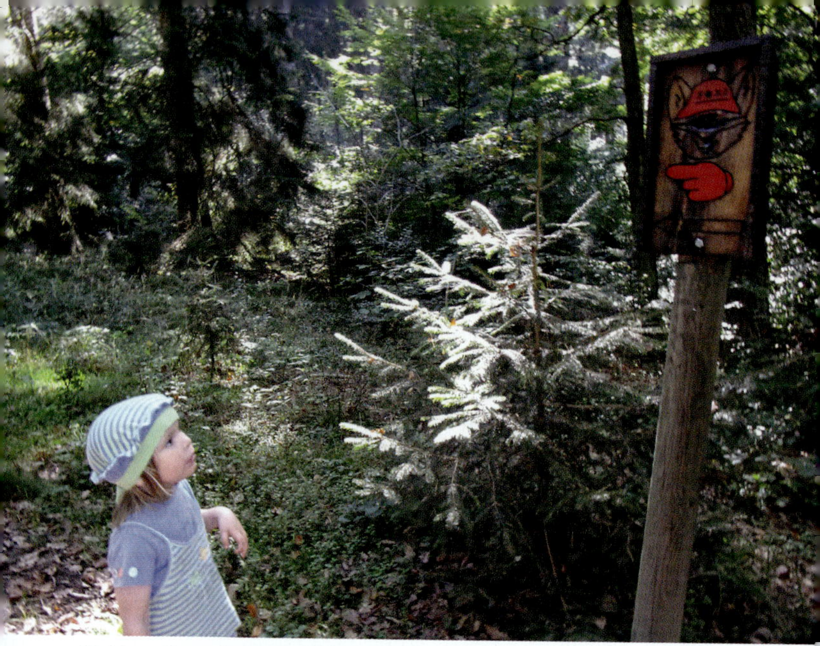

Wohin sollen wir jetzt gehen - Foxy weist den Weg

Weitsprunggrube, an der Sie ausprobieren können, mit welchem Waldtier Sie es bei einem Sprungwettbewerb aufnehmen könnten. Ist es nur eine Maus, schon ein Marder oder sogar ein Hirsch?

Jungwuchspflege und Durchforstung wird auf der Tafel an Station 3 erläutert. Hier fallen die zahlreichen und üppig wachsenden Ilexbäumchen rechts des Weges auf, die in heimischen Wäldern inzwischen sehr selten geworden sind. Ansonsten überwiegt auch auf dieser Tour der eifeltypische Buchenmischwald. Der Bach rinnt inzwischen durch ein tiefes Kerbtal.

Die Station 4 informiert über den Waldboden, der Waldweg dahinter ist mit Wurzeln und Steinen durchzogen, also nur mit einem robusten Buggy noch gut zu befahren. An der Kreuzung mit der Sitzbank und dem Grenzstein 215/209/2008 gehen Sie links über den Bach zur Station 5, an der Sie über nachhaltige Forstwirtschaft informiert werden.

Nur wenige Schritte weiter erreichen Sie an einem Picknicktisch die Station 6 mit Infos zu Monokulturen und Mischwald.

Nach knapp 100 m verlassen Sie den breiten Forstweg und wechseln auf den nach links führenden schmaleren Waldweg. Er führt bergab zu einer

Verzweigung, hier wandern Sie geradeaus weiter bis zu einem Picknicktisch mit Ausguckrohren und einer Lauschecke. Dahinter geht es nun leicht bergauf. Bevor Sie an der Station 7 über die Aufgaben des Försters informiert werden, müssen Sie an einer Mitmachstation Ihre Schätzungen zur Höhe eines Baumes abgeben.

Knüppeldamm

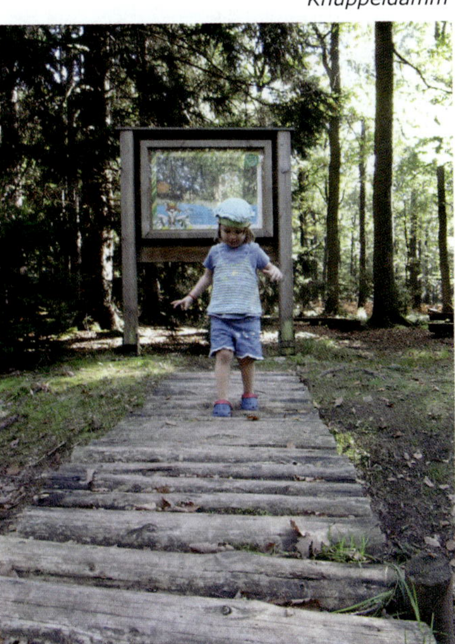

Erst am Ende eines herrlich langen Balancierbalkens stellen Sie fest, dass damit eigentlich ein Festmeter gezeigt werden soll. Daneben wird zum Vergleich ein Raummeter Holz gezeigt. Nun folgen die Station 8 (Tiere im Wald), eine Rechtskurve über einen Bach und die Station 9 (Stockwerke des Waldes). Auf einer letzten Tafel verabschiedet sich das Maskottchen Foxy von den Wanderern und es sind, dem Weg nach rechts folgend, nur noch 20 m zurück zum P Parkplatz. Hungrige und Durstige laufen bis zum Beginn des Parkplatzes und kehren im Restaurant Wesertalsperre ein.

Restaurant Wesertalsperre, Langesthal 164, 4700 Eupen, ☎ +32/(0)87 74 31 61, während der Sommerzeit Mo bis Fr 11:00 bis 18:00, Sa, So 10:00 bis 18:00, in der Winterzeit nur Sa und So 10:00 bis 18:00, mit großer Außenterrasse und Spielplatz, Ladestation für E-Bikes

Abstecher hinab zum Eupener Stausee (= Wesertalsperre), entweder nur bis zur Staumauer oder auf dem Uferweg einmal um den See (14 km).

7 Durch das Grenzland im Brackvenn

Tour für Moorwanderer

Das Hohe Venn ist zwar eine der beliebtesten Wanderregionen der Eifel, dennoch werden Sie die Ruhe im Hochmoor genießen können. Die Strecke ist fast eben und führt durch karge Moorlandschaft.

Start/Ziel: P Wanderparkplatz Brackvenn an der deutsch-belgischen Grenze L214/N67, GPS N 50°33.888' E 006°11,735'

8,6 km

etwa 3 Std.

93 m/93 m

586-642 m

keine Markierung

drei Sitzbänke, zwei Picknickplätze (km 0,6 und km 7,8), Schutzhütte (km 7,2)

Rucksackverpflegung nicht vergessen!

Tradis: GC4W3TM Mütze nich!, GC3N0XE Auf verbotenen Pfaden !!; Earth Caches: GC4H067 Kaiser-Karls-Bettstatt, GC299BW Palsa Hohes Venn. Außerdem etliche Multis, die aus dieser kleinen Runde eine heftige Tagestour machen können.

Eine Wanderung zum Teil auf Stegen durch eine ungewöhnliche Landschaft, in der auf einen Aussichtsturm und auf Kaiser Karls Bettstatt hinaufgeklettert werden kann.

Einige Stege im Moor und Pfade im Wald sind nur für schmale Buggys geeignet.

Ein Teil der Strecke führt über Stege, die von Hunden nicht betreten werden dürfen, also umgangen werden müssen. Auf dem Weg neben der L214/N67 nehmen Sie Hunde wegen der schnell fahrenden Fahrzeuge besser an die Leine. Die Wanderung verläuft zum Teil durch Belgien, also den internationalen Heimtierausweis nicht vergessen.

Bushaltestelle Mützenich Zoll, Bus 85/385 von Eupen und Monschau

Parkmöglichkeit am Startpunkt

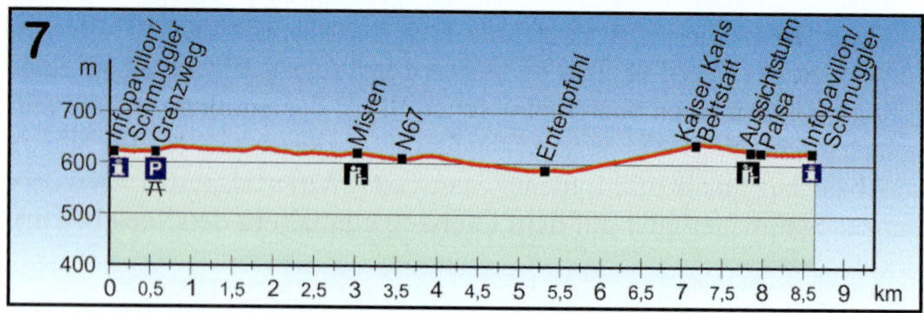

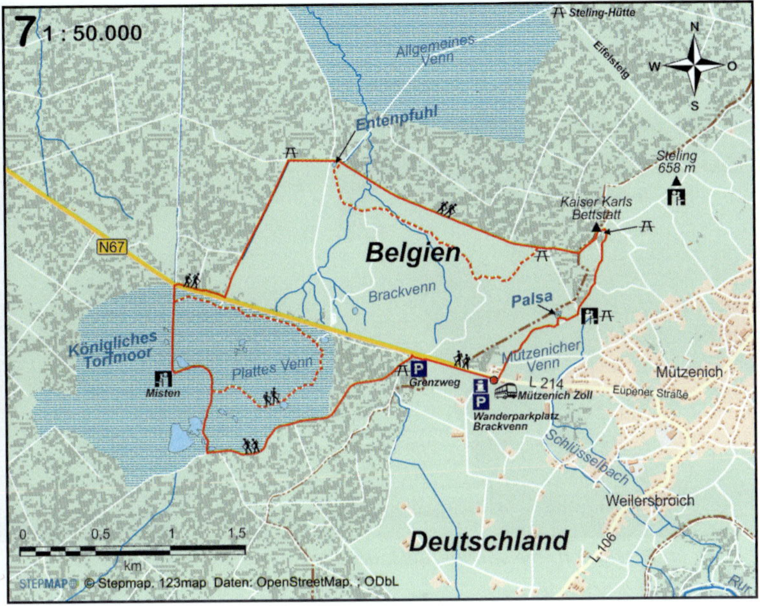

Das Hohe Venn

Die Worte Venn (deutsch) und Veen (niederländisch/flämisch) stehen beide für Moor. Der Name Hohes Venn bedeutet also Hochmoor. Und genau das ist es: ein großes Hochmoor auf einer gewölbten Hochfläche im belgisch-deutschen Grenzgebiet bei Eupen und Monschau. Botrange ist mit 694 m die höchste Erhebung im Venn und der höchste Punkt Belgiens (☞ Tour 10). Auf deutscher Seite ist der Steling mit 658 m der höchste Punkt im Venn.

Auf dem P Wanderparkplatz starten Sie, indem Sie am Infopavillon vorbei dem Schotterweg Richtung Brackvenn folgen, der parallel zur L214 geführt wird. Beim Blick nach rechts sehen Sie in der Straßenmitte die Statue „Der Schmuggler". Sie erinnert an Zeiten, in denen hier Kaffee, Tabak und andere Waren am Zoll vorbei über die Landesgrenze gebracht wurden.

Linker Hand liegt das Platte Venn, der südöstliche Teil des Brackvenns. Erste kurze Holzstege führen über Entwässerungsgräben und Sie erfahren bei einem Blick zu einem Schild auf der anderen Straßenseite, dass das

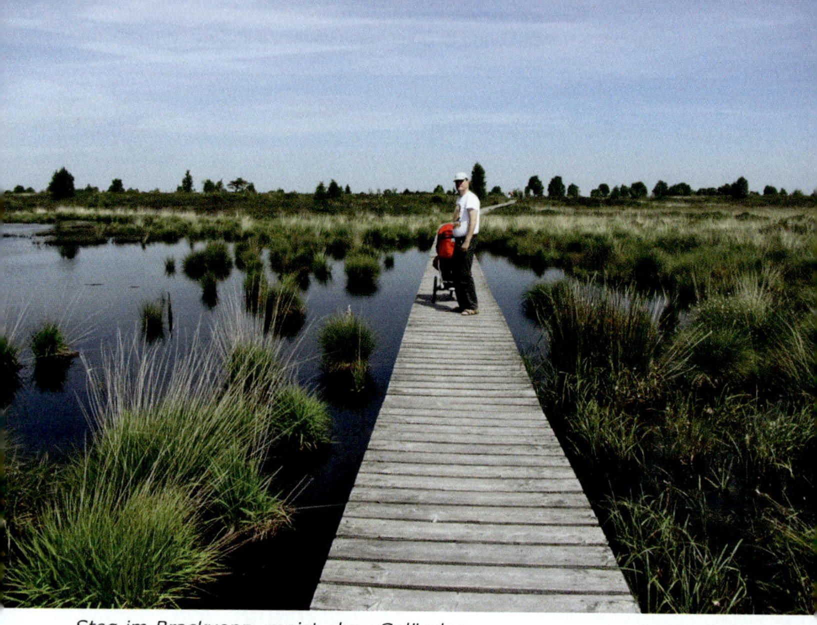

Steg im Brackvenn, meist ohne Geländer

Brackvenn an dieser Stelle 622 m hoch liegt. Hinter dem Grenzstein an der deutsch-belgischen Grenze liegt auf belgischer Seite der **P** Parkplatz Grenzweg mit zwei ⛨ Picknicktischen. Am anderen Ende des Parkplatzes wenden Sie sich an der Infotafel nach links, passieren eine Schranke und laufen auf einem Forstweg durch den Mischwald. Zahlreiche Heidelbeerbüsche säumen den Weg. Wenn der Wald endet, ist das Brackvenn erreicht.

Das Brackvenn

Diese weite, ungenutzte Fläche ist Teil des Königlichen Torfmoors, wobei „brack" die gleiche Bedeutung hat wie der gebräuchlichere Begriff „brach". Es handelt sich dabei aus Sicht der früheren Bewohner um ein ziemlich nutzloses Gebiet, das weder zum Anbau von Nutzpflanzen noch für die Holzwirtschaft oder als Viehweide verwendet werden konnte.

Der Bewuchs des Brackvenns ist typisch für mitteleuropäische Hochmoore: Glockenheide, Torfmoose, Wollgras, Pfeifengras, Binsen und Sonnentau sind allerorts zu finden. Durch die Einrichtung von Schutzzonen können seltene Pflanzen gedeihen, sie bieten auch den Birkhühnern, Luchsen und Bibern gute Rückzugsmöglichkeiten vor den Menschen. An heißen Tagen sonnen sich die Eidechsen auf den Holzbohlenstegen und Steinen. Sie flitzen bei Annäherung von Wanderern ins Gras. Auch viele heimische Vogelarten fühlen sich sehr wohl im Venn.

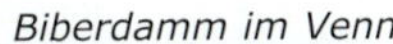

Biberdamm im Venn

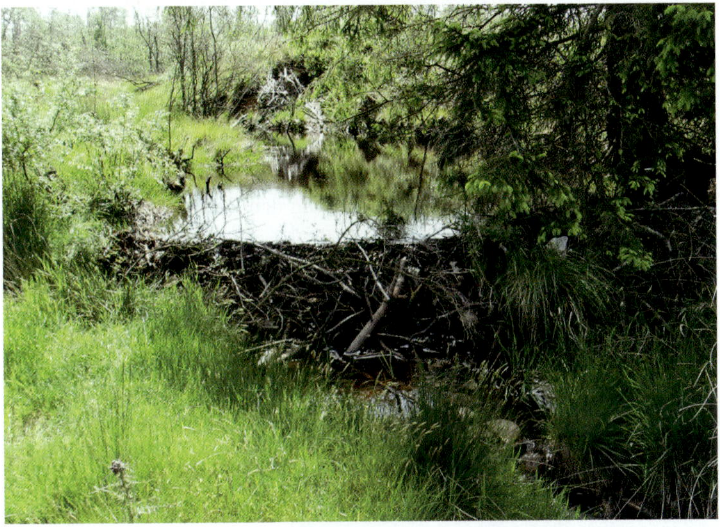

Sie passieren eine Ѫ Sitzbank – Bänke sind im Venn eher selten anzutreffen. Erster typischer Moorbewuchs ist am Wegesrand zu sehen, darunter Farn, Ginster, Birken und vereinzelte Fichten. Auf einem kurzen Teerstück entdecken Sie eine weitere Infotafel. Hier verlassen Sie den bisherigen breiten Forstweg und laufen auf dem nach rechts führenden Holzsteg weiter.

Schutz für Moor und Mensch

Wenn ich mich an Vennwanderungen in meiner Kindheit erinnere, denke ich sofort an Gummistiefel. Zu dieser Zeit war es abenteuerlicher und gefährlicher, durch das Moor zu wandern, denn es gab noch keine Holzstege. Wir wanderten auf Moorpfaden, an nasseren Stellen musste über die erhöhten kleinen Kuppen von Bulten und Grasbüscheln gesprungen werden. Jeder suchte sich seinen eigenen Weg, es kam zu starken Trittschäden im Untergrund - und bei den Wanderern immer wieder auch zum Verlust des Schuhwerks oder zu Verletzungen. Heute reicht für eine Venn-Wanderung normales Schuhwerk aus, denn alle morastigen Stellen sind durch Holzstege und Verbotsschilder vor Trittschäden geschützt.

Sie passieren einige Moortümpel, bei denen es sich zum Teil um Rückstaubecken der kleinen Moorbäche handelt. Andere entstanden bereits unmittelbar nach der letzten Eiszeit als Palsen (☞ Ende der Tour). Der nach rechts führende Steg ist zu schmal für Buggys und daher nicht Teil meiner Wegbeschreibung.

↳ Wer ihn aber gerne gehen will, wird im weiten Bogen durch das Brackvenn geführt, nimmt an der Gabelung den linken Steg und wandert zu einer Informationstafel. Sie steht an der Straße, die beim Start in Deutschland noch L214 hieß und hier in Belgien N67 heißt.

Wollgras im Brackvenn

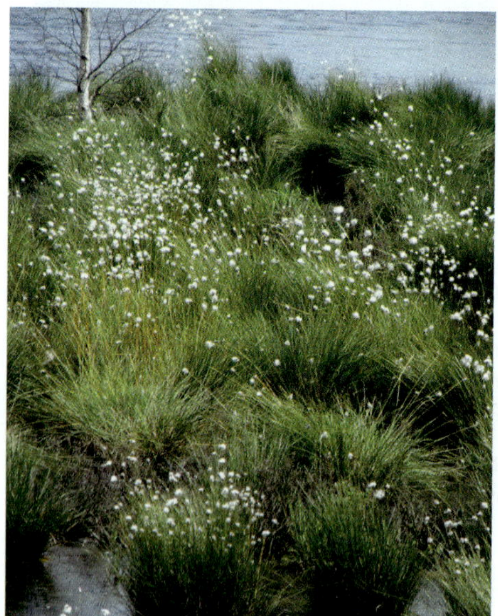

Geradeaus auf dem breiteren Steg erreichen Sie den Aussichtspunkt Misten, hier macht der Steg einen Rechtsbogen. Blühendes Wollgras zieht den Blick immer wieder an. Eine Tafel informiert über die Wiedervernässung des Brackvenns. Ignorieren Sie auch den zweiten Abzweig des Rundwegs, bevor Sie etwa 100 m dahinter an einer weiteren Infotafel die N67 erreichen.

Kreuzen Sie die Straße und folgen Sie dahinter dem nach rechts führenden Weg mit dem Hinweisschild auf den Rundweg parallel zur N67. Mit dem Buggy bleiben Sie besser am Straßenrand, der Pfad ist schmal und matschig. Sie passieren einen Funkmast und folgen dort dem nach links von der Straße wegführenden, breiten Grasweg für etwa 1 km bis zu einer T-Kreuzung mit einem breiten Schotterweg. Hier biegen Sie rechts ab und erreichen eine Kreuzung mit einer Sitzbank, dort wandern Sie geradeaus auf dem Teerweg weiter.

Rechter Hand liegt der Entenpfuhl hinter Bäumen versteckt, er hat seinen Namen von den Wildenten, die sich hier in der Vergangenheit gerne niederließen. Wir haben bei unseren Wanderungen hier aber auch schon Mooreidechsen, sich paarende Kröten, Birkhühner und Kanadagänse gesehen. Wegen der hohen Waldbrandgefahr dient der Entenpfuhl heute gleichzeitig als Löschteich.

↳ Wer hier geradeaus auf dem Teerweg bleibt, kommt zur Steling-Hütte im Allgemeinen Venn und kann dort dem Eifelsteig nach rechts folgen. An Kaiser Karls Bettstatt trifft dieser Abstecher wieder auf den eigentlichen Weg.

Gehen Sie hinter dem Entenpfuhl halb rechts an der ⩪ Sitzbank und der Schranke vorbei Richtung Kaiser Karls Bettstatt.

↳ Wer lieber noch auf einem weiteren Holzsteg durch das Venn laufen will, folgt dem Weg genau hinter dem Entenpfuhl. Am Ende des Tümpels beschreibt der Weg eine Linkskurve und führt in einem weiten Linksbogen über einen Moorbach hinweg zu einer Gabelung. Hier nehmen Sie den linken Weg, er quert einen weiteren Bach und führt einen guten Kilometer durch das Hochmoor bis zu einer Abzweigung nach links. Diesem Weg nach links folgen Sie und erreichen den Hauptweg kurz vor der Informationstafel.

Sie überqueren einen vom Moorwasser braun gefärbten Bach. Hier konnten wir bei unserer Recherchewanderung Biber beim Bau eines Damms beobachten.

Der Weg führt am Waldrand entlang leicht bergauf bis zu einer Infotafel mit ⩪ Sitzbank. Dort gehen Sie geradeaus auf dem Pfad in den Wald hinein. Er führt an der Staatsgrenze entlang, was Sie an den Grenzsteinen erkennen können. Am Grenzstein 721 biegen Sie nach links ab und gehen nach 10 m an der Gabelung erneut links zu Kaiser Karls Bettstatt.

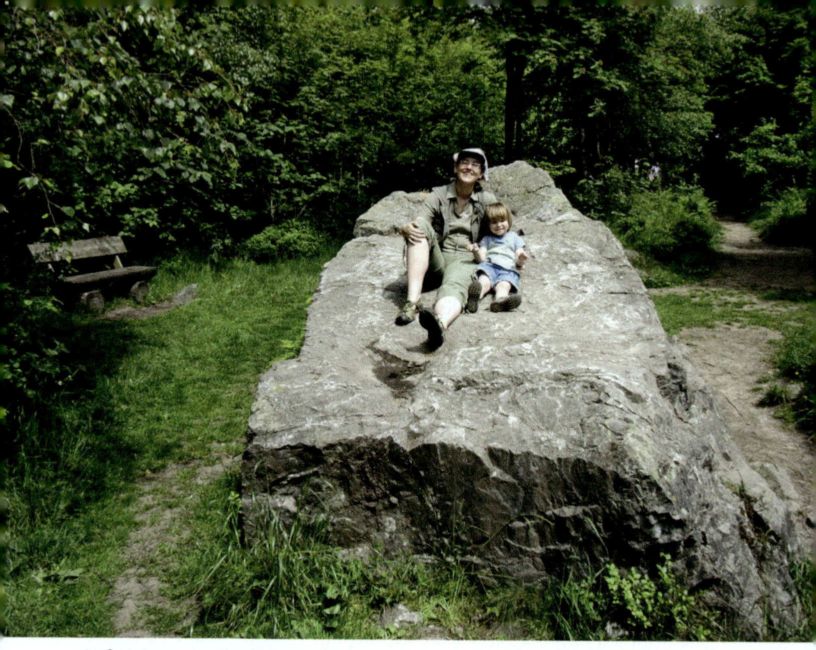

Auf Kaisers Karls Bettstatt

Karl der Große im Venn

Ein großer und ein kleiner Quarzitblock locken Tag für Tag Ausflügler an. Es wird erzählt, dass Kaiser Karl der Große (* um 742, + 814) sich eines Tages bei einem Jagdausflug im Venn verirrte und nicht mehr vor Einbruch der Dunkelheit nach Aachen zurückkehren konnte. Also schlug die Jagdgesellschaft ihr Nachtlager am Rand des Venns auf. Der Kaiser fand auf dem großen, fast glatten Felsblock seine Nachtruhe und wachte gut erholt auf.

Der Legende nach soll Kaiser Karl von seinem Leibdiener bei der Übernachtung im Venn eine Mütze angereicht bekommen haben, um sein Haupt weicher zu betten. Doch er war schon so schläfrig, dass er nur noch „Mütze nich!“ murmelte und einschlief. Diese Geschichte klingt bei Vennführungen auch viel spannender als die Erklärung der Historiker, die im Ortsnamen Mützenich eine Ableitung aus dem römischen Mutiniacum sehen. Ziemlich sicher ist jedenfalls, dass im Gebiet des heutigen Mützenich schon die Römer siedelten oder zumindest einen Militärstandort hatten, denn im 18. Jh. fand man unter einem Knüppeldamm im Venn die Moorleiche eines römischen Legionärs mit vollständiger Rüstung.

Gehen Sie hinter dem Felsblock geradeaus weiter zur Schutzhütte. Dort biegen Sie rechts ab („Palsen 0,7 km"), ebenso an der nächsten Gabelung („Palsen 0,1 km"). An der nun folgenden Kreuzung haben Sie die Möglichkeit zu einem Rundumblick. Dazu gehen Sie links durch die Hecke zu dem hölzernen Aussichtsturm und steigen die 42 Stufen hinauf.

Wieder unten angekommen gibt es an dem Picknicktisch noch eine Rastmöglichkeit und ein Baumtelefon. Wandern Sie nun nach rechts Richtung Palsen. Ein Holzsteg führt nach rechts vom befestigten Weg weg und im Linksbogen zu einem Teich.

Dieser Punkt ist Teil der Moor-Route, entsprechend werden Sie auf einer Infotafel über die Libellen im Moor informiert. Und siehe da! Alle fünf auf der Tafel gezeigten Libellen sind hier wirklich zu beobachten, wenn man nur geduldig ist.

Andenken an die letzte Eiszeit

Dieser Teich ist auffällig rund, er wird von Fachleuten Palsa genannt. Solche Palsen entstehen in Mooren im Permafrostboden aus einer Mischung aus gefrorenem Torf und Eis. Daraus entstehende Eislinsen drücken sich in den noch weichen Boden. Dies ist heute noch in Kanada, Sibirien, Skandinavien und Grönland zu beobachten. Die Palsen im Hohen Venn bildeten sich vor etwa 10.000 Jahren. Sie sind gut an dem ringförmigen Wall zu erkennen, der durch den Druck der Eislinse auf das Erdreich hochgeschoben wurde. Oft bilden sich innerhalb der Wälle dann Moortümpel, wie hier im Mützenicher Venn. Davon zu unterscheiden sind andere Moortümpel, in denen sich das Wasser kleiner Moorbäche staut. Sie haben sehr flache Ränder und gehen je nach Wasserstand sogar fließend ineinander über.

Auf dem schmaleren Steg (Buggyfahrer gehen auf dem breiten Bohlenweg zurück zum befestigten Weg und folgen ihm nach rechts) erreichen Sie wieder den befestigten Weg, dem Sie nun nach rechts durch das Mützenicher Venn folgen. An einem Nadelwäldchen endet die Moorvegetation, der Weg ist nun wieder geteert und endet an der L214 genau gegenüber vom Startpunkt.

8 Die Struffelt-Route bei Roetgen

Tour für trittsichere Naturliebhaber

Diese kurzweilige Wanderung zeigt Ihnen eine erstaunlich vielfältige Landschaft: In einem Bachtal beginnend führt sie durch schattigen Buchenwald hinauf ins karge Hochmoor und endet an einem Stausee. Für das letzte Stück sparen Sie sich bitte noch Kraftreserven auf, denn bei dem steil bergab führenden Wegstück sind neben Trittsicherheit, Konzentration und gutem Schuhwerk auch Wadenmuskeln gefragt.

Start/Ziel: Filterwerk Dreilägerbachtalsperre, GPS N 50°39,645' E 006°12,349'

9,8 km

3 Std. 30 Min., für Geocacher deutlich länger!

227 m/227 m

368-471 m

Eifelsteig, Struffelt-Route

keine Einkehrmöglichkeit unterwegs, Rucksackverpflegung einpacken

drei Rastplätze (km 2,2, km 7,5 und km 8,4), eine Schutzhütte (km 5,2) und Sitzbänke in ausreichender Zahl

Tradis: GC5154B RST-Trail #08, GCT9G8 Relikt des Westwalls – Bachquerung, GCN6CG Easter Nest, GC4F8CK Die Hütte über dem rauschenden Bach (riesiges Logbuch), GC4M214 Klenkes 2013 – biotopisch, GC4J96A Klenkes 2013 – Take a Seat, GC4M496 Klenkes 2013 Auf dem Holzweg, GC2MCWJ Dreilägerbachtalsperre; ferner einige Mysterys und Multis in Wegnähe

ein Wildgehege, zahlreiche Geocaches und Bohlenstege durch das Moor

Wegen der holprigen Wurzelwege, schmaler Bohlenstege und eines Steilstücks leider nicht für Buggys geeignet.

Hunde finden zahlreiche Stellen zum Saufen, an zwei Brücken mit Metallgittern müssen kleine und ängstliche Hunde vielleicht hochgenommen werden. Leinenpflicht auf den Holzstegen im Venn. 30-40 Hundebegegnungen sind nicht ungewöhnlich auf dieser Runde, sie ist also nichts für Hunde, die Probleme mit anderen Artgenossen haben.

Bushaltestelle Dreilägerbachtalsperre, Bus 68 von Aachen und Simmerath

P Wanderparkplatz Filterwerk an der Dreilägerbachtalsperre

Von der Bushaltestelle kommend gehen Sie Richtung Filterwerk, überqueren den Vichtbach und biegen direkt dahinter links ab. Vom P Parkplatz aus gehen Sie noch vor der Vichtbachbrücke rechts. Auf der

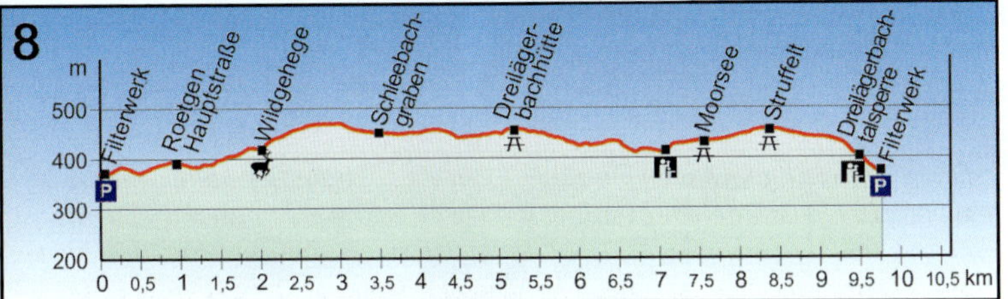

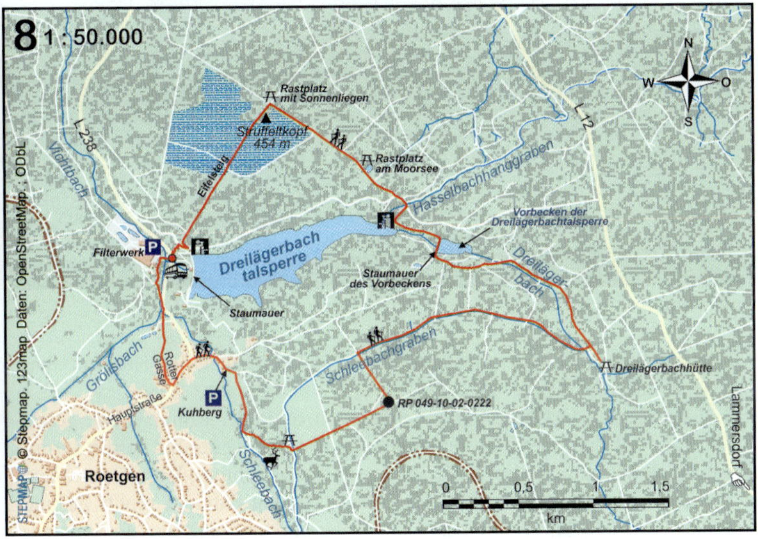

Anliegerstraße laufen Sie über das Werksgelände, nehmen vor einem Tor den nach links führenden Weg und folgen den Wegweisern des Eifelsteiges bergauf.

Wenn der Schotterweg einen Rechtsbogen macht, gehen Sie geradeaus Richtung Lammersdorf auf einem Pfad weiter, der parallel zur L238 und zum Grölisbach verläuft. Auf einer Holzbrücke überqueren Sie den Grölisbach und erreichen die L238, dort wandern Sie geradeaus für etwa 50 m durch eine Leitplanke geschützt neben der Straße entlang, um sich dann nach rechts und bergab wieder von ihr zu entfernen. Sie überqueren eine weitere Holzbrücke, kreuzen einen Teerweg und laufen auf einem

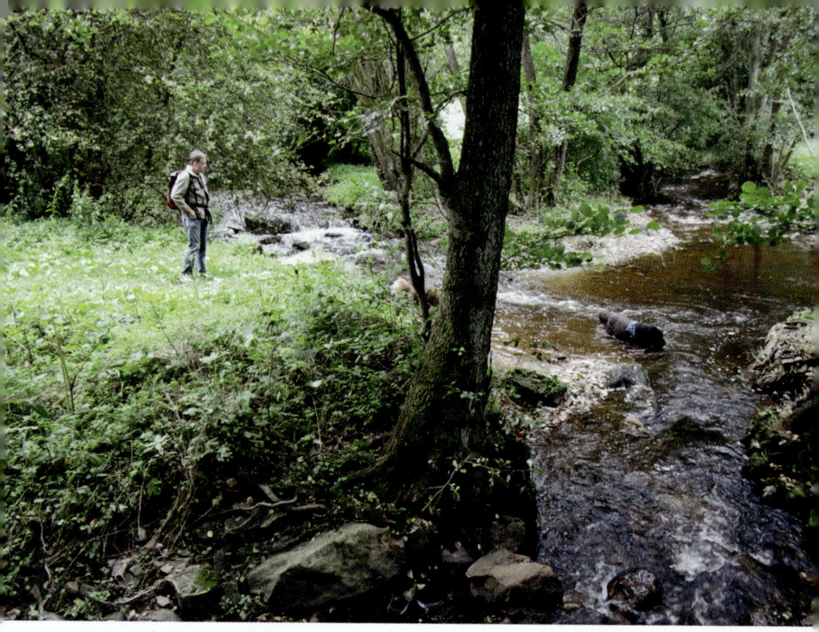

Am und im Grölisbach

Wirtschaftsweg (A3) geradeaus weiter. Brombeerranken und Haselnussbüsche säumen den Weg.

Er endet am Ortsrand von Roetgen. Am Ende der Rotter Gasse gehen Sie links auf dem Gehweg neben der Hauptstraße weiter bis zum Radrouten-Knotenpunkt 10. Hier laufen Sie geradeaus Richtung Wanderparkplatz Kuhberg. Sie überqueren den Schleebach, biegen dahinter rechts ab und gehen über den **P** Wanderparkplatz Kuhberg. Am Ende des Parkplatzes wandern Sie auf einem Teerweg bergauf und folgen ihm durch eine Rechtskurve. Danach führt der Weg Sie parallel zum Schleebach am Waldrand entlang.

Scharf links (✋ wenn Sie an eine Holzbrücke kommen, sind Sie etwa 20 m zu weit gegangen) gehen Sie nun am Zaun eines Wildgeheges entlang. Die zahlreichen Wurzeln werden bei dem Weg bergauf für Sie hoffentlich nicht zur Stolperfalle.

Sie erreichen den Kindergarten-Wald mit einer Picknickmöglichkeit, dort laufen Sie links über einen Wassergraben und dahinter halb rechts auf einem Schotterweg durch den Wald hinauf zum Rettungspunkt 049-10-02-0222.

Hier wenden Sie sich nach links und überqueren auf einer Brücke den Schleebachgraben. Rechter Hand befindet sich ein Waldstück, links tauchen die ersten Moorgräser zwischen den Tafeln des Naturlehrpfades auf. An der Kreuzung gehen Sie geradeaus weiter, nun ist der Weg beidseitig von Wald gesäumt. Auch am Rettungspunkt 049-10-02-0223 gehen Sie noch geradeaus.

Insektenhotel im Kindergarten-Wald

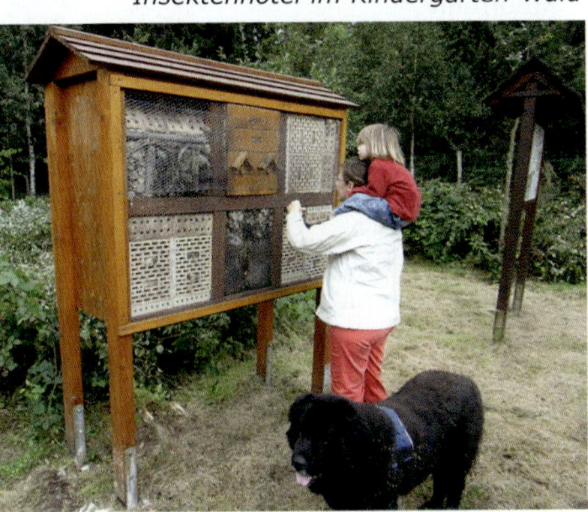

Bleiben Sie auf dem Schotterweg, der nun nach links weiterführt. Die nun folgende Brücke kann kleinen Hunden wegen ihres Metallgitters vielleicht Schwierigkeiten bereiten. Hinter der Brücke biegen Sie rechts ab und laufen auf einem Wall neben dem Schleebachgraben entlang. Der Weg ist eben, aber von dicken Wurzeln durchzogen. Leckermäulchen finden im Wald beiderseits des Weges riesige Heidelbeerfelder und zahlreiche verschiedene Pilze.

Sie passieren einen Sperrschieber und drei Überfahrtsbrücken der Forstverwaltung, über die vierte gehen Sie dann auch selbst. Dahinter laufen Sie auf einer Metallbrücke an der Mündung des Schleebachgrabens über den Dreilägerbach. Auch hier müssen Hundehalter wegen des Metallgitters auf die Pfoten ihrer kleinen Hunde Rücksicht nehmen.

Hinter der Brücke laufen Sie nach rechts dem Dreilägerbach entgegen und bergauf zu einer T-Kreuzung. Die Struffelt-Route führt hier nach links weiter, ich möchte Sie zu einem kurzen Abstecher nach rechts einladen, denn nach nur 50 m erreichen Sie die Dreilägerbachhütte, die ideal für eine Futterpause ist.

Frisch gestärkt wandern Sie nun entspannt auf dem stetig bergab führenden Schotterweg bis zu einer Lichtung, dort gehen Sie an der Wegkreuzung nach links Richtung Rott. ☺ Keine Sorge, Sie müssen nicht durch die Furt, die Sie nun sehen, davor führt ein Pfad zu einer Wehrklappe, auf der Sie die Furt umgehen können. Hunde und Kinder werden aber nach unserer Erfahrung den Weg geradeaus bevorzugen.

An der Einmündung des örtlichen Wanderwegs A2 laufen Sie geradeaus weiter, ebenso an dem breiten Rückeplatz. An dessen Ende gehen Sie rechts über die Staumauer des Vorbeckens der Dreilägerbachtalsperre, dahinter biegen Sie links ab. Hier verlaufen auch der Matthiasweg und die Moorroute.

Der Matthiasweg ist ein alter Pilgerweg, der die geschichtsträchtige Stadt Aachen mit dem Grab des Apostels Matthias in Trier verbindet. Er wurde vom Eifelverein angelegt und markiert und orientiert sich weitgehend an den traditionellen Wegen der Matthiasbruderschaften.

Der Weg führt an einer Felswand entlang, hier hören Sie im Tal den Dreilägerbach rauschen.

Am Aussichtspunkt zur Talsperre folgen Sie dem Weg durch eine Rechtskurve. An der T-Kreuzung gehen Sie links über den Hasselbachhanggraben. Folgen Sie dem Teerweg geradeaus, direkt hinter dem Rettungspunkt 049-10-02-0133 wandern Sie rechts den Schotterweg hinauf. Ignorieren Sie die Einmündung von rechts, dahinter treffen Sie auf einen idyllischen Rastplatz am Moorsee, der über kleine Knüppelstege erreicht werden kann.

Rastplatz am Struffelt

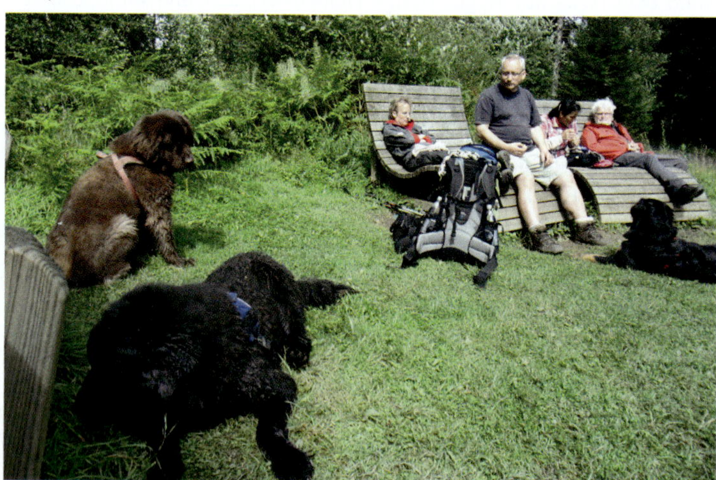

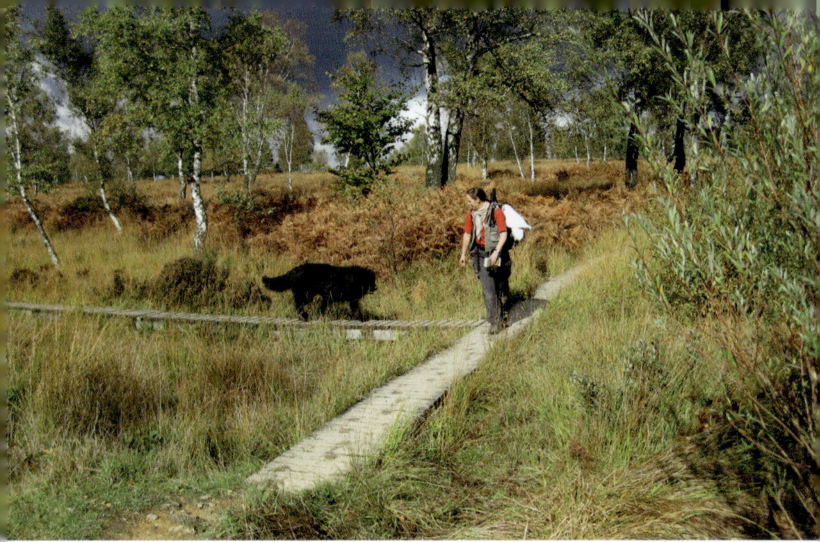

Das Venn beim Struffelt

Der Bewuchs ändert sich: Farne und Birken dominieren das Bild, direkt am Weg wachsen Walderdbeeren, bald schon sind links des Weges Erikaheide, Heidelbeeren und Brombeeren zu sehen. An der Wegkreuzung mit dem Rettungspunkt 049-10-02-134 und seinen einladenden ⩩ Picknicktischen, Rastbänken und Sonnenliegen biegen Sie links ab. Sie passieren den höchsten Punkt der Runde, den links des Weges unter einer Baumgruppe versteckt liegenden Struffeltkopf.

Dahinter wandern Sie über Bohlendämme durch das Hochmoor. An der Einmündung eines Steges laufen Sie geradeaus weiter. Am Ende des Holzweges wandern Sie geradeaus aus dem Moorland heraus und tauchen in ein Waldgebiet ein. Wenn der Forstweg eine Rechtskurve macht, gehen Sie geradeaus auf dem schmaleren Waldweg weiter. Er wird zum Pfad und endet an der Zufahrt zur Staumauer der Dreilägerbachtalsperre. Halb links finden Sie einen Aussichtspunkt mit Blick auf den Stausee, der Rundweg führt scharf rechts auf der Zufahrt bis zu einem Tor. Dort biegen Sie links ab und folgen dem Pfad bergab. Dieser Weg ist trotz der Serpentinen ziemlich steil und setzt eine gewisse Trittsicherheit voraus. Am unteren Ende treffen Sie auf die L238. Busreisende haben hier an der Bushaltestelle ihr Ziel schon erreicht, Autofahrer überqueren die L238 und laufen die Zufahrt zum Filterwerk hinauf. Dabei überqueren Sie den Vichtbach und erreichen ebenfalls Ihren Startpunkt.

9 Auf dem Eifelsteig rund um Monschau

Tour für trittsichere Geocacher

Alles andere als ein Stadtspaziergang ist diese Runde. Sie führt zwar durch das Monschauer Zentrum, aber eben auch auf schmalen Pfaden durch die Hänge rund um den Ort steil bergauf und bergab. Belohnt werden die Mühen durch immer wieder neue Ausblicke auf einen der schönsten Orte der Nordeifel.

- Start/Ziel: Monschau, P Parkhaus Seidenfabrik, GPS N 50°33,417' E 006°14,400'
- 3,6 km
- 1 Std. 30 Min., für Geocacher selbst an Sommertagen kaum zu schaffen
- 157 m/157 m
- 404-449 m
- Wanderweg 25, Eifelsteig
- zahlreiche Einkehrmöglichkeiten im Ort
- Rastplatz (km 1,5) und zahlreiche Sitzbänke am Wegesrand
- Einkaufsmöglichkeiten in Monschau
- Tradis: GC50NQN Monschauer Friedhof, GC17RCN Burgblick Monschau; außerdem Multis, Webcam-Cache, Letterbox und drei WhereIGos in Monschau
- Wegen ungesicherter Wege mit Absturzgefahr ist der Weg nicht für jüngere oder lebhafte Kinder geeignet.
- Steilstücke, Treppen und schmale Pfade machen ein Durchkommen mit handelsüblichen Buggys unmöglich.
- Hunde finden unterwegs in den Bächen genug Wasser, müssen aber in Monschau lange an der Leine laufen.
- Bushaltestelle Parkhaus/Schmiede, Bus 66 von Aachen/Roetgen, Bus 82 von Simmerath, Bus 85/385 von Eupen
- P Parkhaus am Startpunkt
- Tipp: Vor oder nach der Wanderung in der Laufenstraße 118-124 noch in der historischen Senfmühle köstlichen Senf und andere Regionalprodukte probieren, die Mühle besichtigen (Mi März bis Nov 11:00 und 14:00) und/oder nebenan im Schnabuleum essen.

Neben dem P Parkhaus starten Sie Ihre Runde auf der gepflasterten Laufenstraße. Hinter dem ⌘ Sparkassenmuseum biegen Sie links ab und

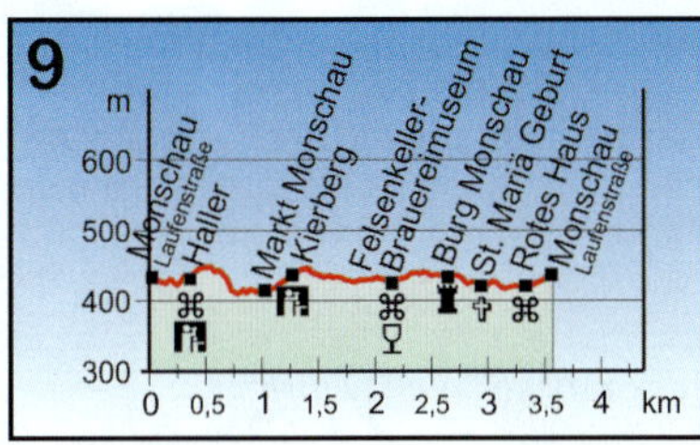

überqueren den Laufenbach Richtung Haller (Im Städtchen). Auf der Rückseite des Amtsgerichts steigen Sie die nach links führende Treppe hinauf. Vorsicht Rutschgefahr!

An der T-Kreuzung nehmen Sie den nach links und weiter bergauf führenden Weg und gehen an der nächsten Möglichkeit rechts zum Aussichtspunkt Zum Halve Mond (Halbmond). Hier haben Sie einen ersten Ausblick auf Monschau mit dem ⌘ Roten Haus im Vordergrund und der Burg Monschau auf der anderen Talseite. Danach folgen Sie dem Panoramaweg nach links und bergauf, an der Gabelung gehen Sie erneut nach links, an der Kreuzung biegen Sie ein drittes Mal nach links ab und erreichen den Haller.

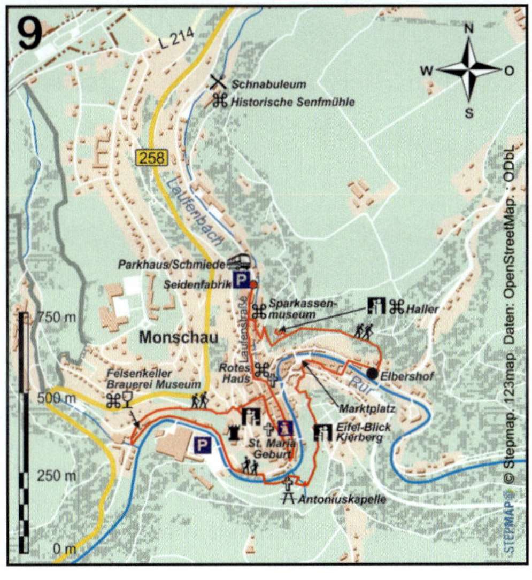

Haller

Es wird vermutet, dass der Haller das älteste Gebäude in Monschau ist. Er diente als Warnposten für die Burg. Was man von dort ruft, ist in der Burg gut zu vernehmen, aber unten im Ort wegen der rauschenden Rur nicht. Nahten Feinde, konnten die Mannen in der Burg sogar noch unauffällig gewarnt werden, wenn die Angreifer bereits durch die Gassen des Ortes liefen. Wundern Sie sich also nicht über laut rufende Menschen auf dem Haller.

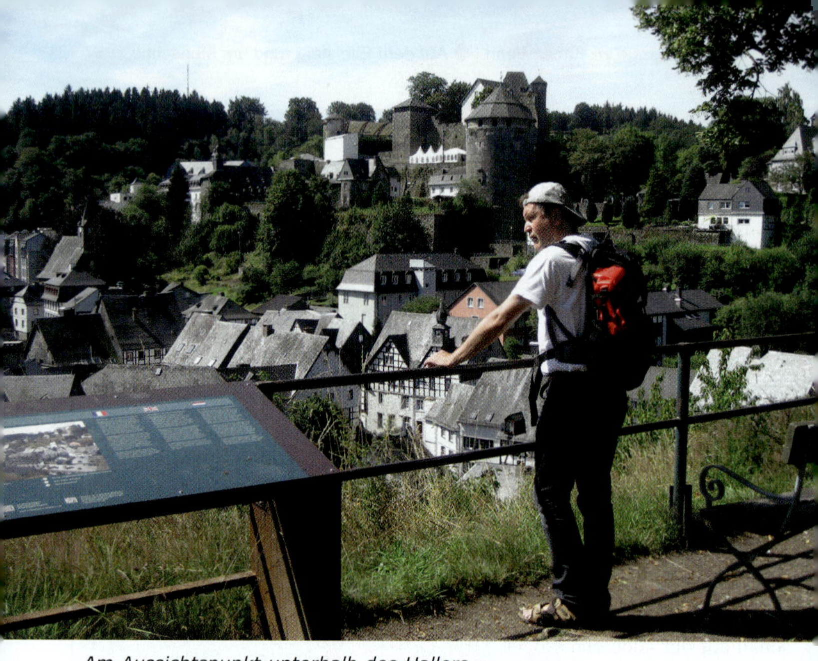

Am Aussichtspunkt unterhalb des Hallers

Hier können Sie erneut die Aussicht auf Monschau genießen, bevor Sie Ihren Weg fortsetzen. An der Wegkreuzung (Sie kamen von rechts) nehmen Sie den geradeaus weiter führenden Waldweg. Er wird zu einem Hangweg mit Trockensteinmauern. Er ist zwar breit, aber ungesichert und daher nur für schwindelfreie Wanderer geeignet. Bitte halten Sie mitwandernde Kinder und Hunde vom Hang fern!

An steilen Felsen entlang wandern Sie zu einem Waldstück. Dort folgen Sie gleich zu Beginn den Wegweisern des örtlichen Wanderwegs 25 nach halb rechts. Das ist anfangs auch ein Hangweg, er führt später steil bergab. Einige Stufen und ein Handlauf entschärfen die Sturzgefahr. Unten im Ort endet der Weg an der Eschbachstraße. Dieser folgen Sie nach rechts und passieren den Elbershof, ein ansehnliches dreiflügeliges Haus von etwa 1778.

Nun wandern Sie geradeaus dem Flusslauf der Rur entgegen durch eine malerische Altstadtgasse. Vor dem Rur-Café laufen Sie nach links über die Rurbrücke zum Marktplatz. Auf der gegenüberliegenden Seite des Platzes steigen Sie zwischen zwei Restaurants die Treppe hinauf. Nun können

Sie den Wegweisern des Eifelsteiges folgen. Biegen Sie am Treppenkopf rechts ins Rusejässje (= Rosengasse) ein. Hier geht es wirklich weiter, obwohl es so scheint, als liefe man in einer Sackgasse direkt auf ein Haus zu. Unmittelbar vor dem Haus führt eine Treppe nach links bergauf. Am Ende der Treppe wandern Sie auf einem zwischen einigen Gärten verlaufenden steilen Pfad bis zu einer Ruhebank. Dahinter folgen weitere Stufen den Kierberg hinauf.

Am Eifel-Blick Kierberg haben Sie einen fantastischem Blick hinüber zur Burg. Unmittelbar vor dem Eifel-Blick verlassen Sie den Eifelsteig und laufen nach rechts bergab, der Weg führt nun durch den Stadtpark von Monschau. Dabei ignorieren Sie einen von rechts kommenden Weg und laufen geradeaus bis zu einem Bach. Dort steigen Sie die nach rechts führende Treppe hinab, folgen dem Weg durch eine Spitzkehre und überqueren eine Holzbrücke. Dahinter biegen Sie rechts ab und laufen durch eine Schneise bergab, wobei Sie den Bach noch zweimal überqueren.

Bach im Monschauer Stadtwald

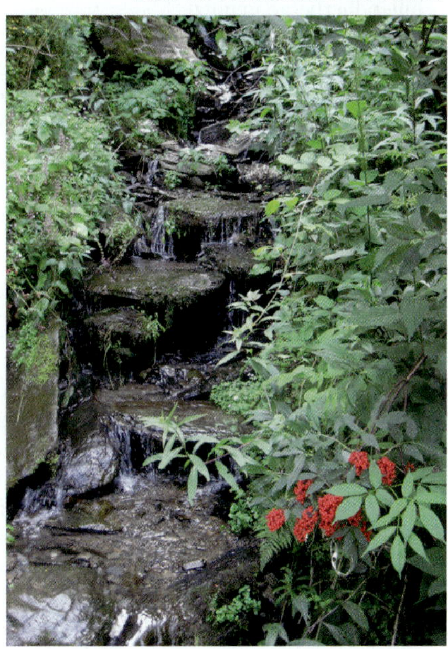

Sie passieren die erst 2003 erbaute ✞ Antoniuskapelle, einen Picknicktisch und einen Spielplatz, bevor Sie nach rechts über die Rurbrücke zur Herbert-Isaak-Straße gelangen. Dieser folgen Sie nach links zum ⌘ Felsenkeller Brauerei-Museum. Ab dort sind Sie wieder auf dem Eifelsteig unterwegs.

Direkt dahinter gehen Sie links gegen die Einbahnstraße Unterer Kalk bergauf. Hinter der Haltestelle der Touristenbahn gelangen Sie auf das Burggelände. Betreten Sie die Burganlage durch den Esselsturm, nachdem Sie von der Brücke aus den herrlichen Blick über die Stadt und zum Haller hinüber genossen haben.

Burg Monschau

Die Monschauer Burg geht auf das 13. Jh. zurück. Die Grafen von Jülich bauten sie im 14. Jh. zu einer mächtigen Festung mit Ringmauern und Wehrtürmen aus. Der Esselsturm erhielt seinen Namen durch den Umstand, dass über die Zugbrücke zu diesem Turm die Esel getrieben wurden. Ebenfalls zur Burganlage gehört der Haller auf der anderen Seite der Stadt, den Sie schon am Anfang der Wanderung besucht haben. Die Burganlage ist in großen Teilen immer noch bewohnbar, ein Teil wird heute als Jugendherberge genutzt.

Am Maria-Hilf-Stift gehen Sie links die Stufen des Burgwegs hinab und biegen rechts in die Kirchstraße. An der Pfarrkirche St. Mariä Geburt, einem 1649-50 im Stil des Bauernbarock erbauten Saalbau aus Bruchstein, laufen Sie geradeaus bis zum Ende der Straße, um dort scharf links in die Stadtstraße einzubiegen. Hier finden Sie zahlreiche ☕ Cafés und ✕ Restaurants für eine Einkehr, eines der neueren ist das Schokoladencafé Hüftgold.

Meine Freude!

Ihnen wird auffallen, dass die Einheimischen den Ortsnamen Monschau mit ganz weichem „sch" aussprechen. Das liegt an der historischen Bedeutung des Namens, er leitet sich nach einer langen Zeit des Wandels von Mons Loci (1198) über Munioy, Monjoje, Monsyoge, Muns Yoia, Munzoyge, Muynzie, Monyou, Moynschawe, Monzwauwe und Monschauwe (1429) aus dem mehrere Jahrhunderte lang verwendeten französischen „montjoie" ab. Dieser Name wird zum Teil auch heute noch von Monschauer Geschäftsleuten verwendet und bedeutet „meine Freude". Als in der Preußenzeit fremdsprachige Ortsnamen untersagt wurden, benannte man den Ort auf kaiserlichen Erlass 1918 augenscheinlich um, faktisch änderte sich aber nur die Schreibweise.

ℹ Monschau Touristik GmbH, Stadtstraße 16, 52156 Monschau, ☏ 024 72/804 80, 💻 www.monschau.de, 🚪 10:00 bis 17:00

Auf der Stadtstraße haben Sie die ℹ Touristeninformation passiert und gehen geradeaus in der Laufenstraße weiter, dabei kommen Sie an der evangelischen Stadtkirche vorbei. Wie auch die katholische Kirche wurde sie aus Bruchstein gebaut, mit dem Bau wurde 1787 begonnen. Wer auf dieser Wanderung das Fernglas dabeihat, wird schon auf einem der Aussichtspunkte gestutzt haben, allen anderen fällt es jetzt auf: Statt des üblichen Wetterhahnes sitzt auf dieser Kirchturmspitze ein Schwan und zeigt die Windrichtung an.

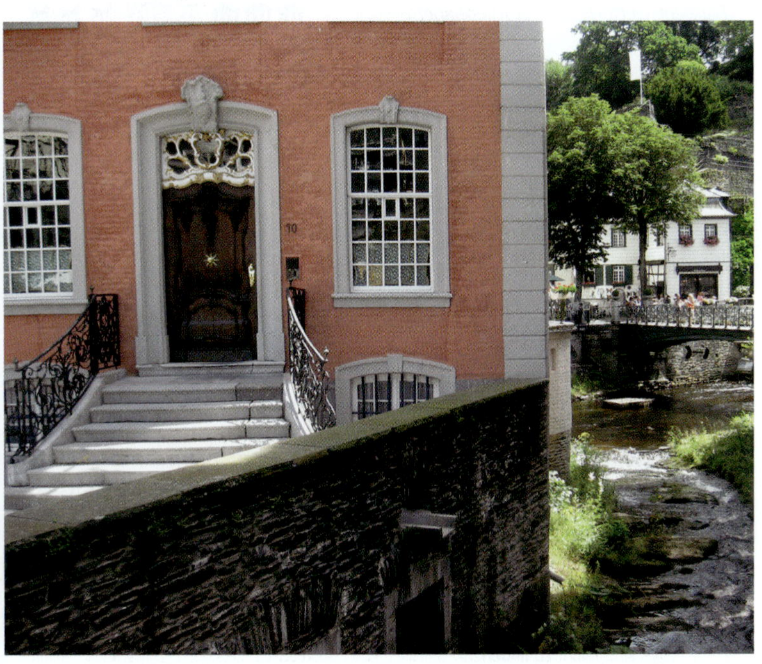

Monschau Rotes Haus und Rur

Sie erreichen das bekannteste Haus Monschaus, das sogenannte Rote Haus. Es war einst Produktionsstätte und Wohnhaus der Tuchmacherfamilie Scheibler und ist heute das Wahrzeichen Monschaus. Es erinnert an die Tuchmacher-Tradition des Ortes, die den Bewohnern im 17. bis 19. Jh. zu Wohlstand verhalf.

Hier gehen Sie an der Straßengabelung links und passieren das Amtsgericht. Am ⌘ Sparkassenmuseum schließt sich der Kreis und Sie müssen nur noch wenige Schritte geradeaus laufen, um wieder am Startpunkt anzukommen.

⑩ Am höchsten Punkt Belgiens: Botrange

Tour für wetterfeste Naturliebhaber

Bei dieser Wanderung durch Wald und Hochmoor können Sie ganzjährig schöne Aussichten über das geschützte Hochmoor Fagne Wallonne genießen. Sonnige Vennwege und schattiger Wald wechseln sich ab. Bei Schnee lässt sich der Weg auch mit Langlaufski laufen, die am Startpunkt verliehen werden.

Start/Ziel: Signal de Botrange, GPS N 50°30,115' E 006°05,585'

5,7 km

etwa 2 Std.

64 m/64 m

652-697 m

grünes Kreuz, blaues Rechteck

Brasserie & Restaurant Le Signal de Botrange (km 0/km 5,7) und im Naturparkzentrum (km 2)

keine Sitzbänke oder Rastplätze auf der Strecke

Tradis: GC11NEV Signal du Botrange, GC4N89T Feuergefahr; Multi: GC324M Downhill

Ein Aussichtspunkt, ein Kinderspielplatz, Wanderstege und eine Aussichtstreppe lockern die Wanderung auf.

Die Strecke ist buggytauglich, die Steigung auf dem Rückweg ist nicht übermäßig steil, der Steg ist breit genug für normale Buggys. Alternativwege für Zweisitzer-Buggys sind leicht zu finden.

Hunde werden das viele Wasser unterwegs begrüßen, sie sollten an der N676 und auf dem Steg durchs Venn an die Leine genommen werden. Die Wanderung verläuft durch Belgien, also den internationalen Heimtierausweis nicht vergessen.

Bushaltestelle Botrange, Bus 390 Verviers – Büllingen - Rocherath, 393, 394 Eupen – Büllingen – St. Vith

Parkmöglichkeit am Startpunkt, (bis zu 30 Wohnmobile,)

Die Belgier nennen diese Gegend Belgisch Sibirien, weil die Wetteraufzeichnungen hier stets mindestens 5°C weniger und fast doppelt so viele Niederschläge wie in Brüssel verzeichnen. Also Schutz gegen Wind, Regen und Kälte einpacken!

Der Naturpark Hohes Venn ist an manchen Tagen mit besonders hoher Waldbrandgefahr vollständig gesperrt. Infos unter +32/(0)80 44 72 73 und www.hauteardenne.be und www.botrange.be

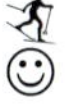
Skiverleih am Startpunkt und im Naturparkzentrum

Bei Winterwanderungen werden Sie sich über die wohlige Wärme des offenen Kamins im Naturparkzentrum und des Kaminofens in der Touristeninformation freuen.

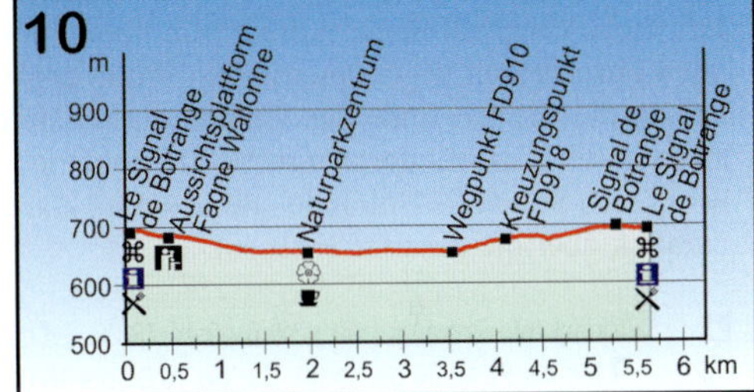

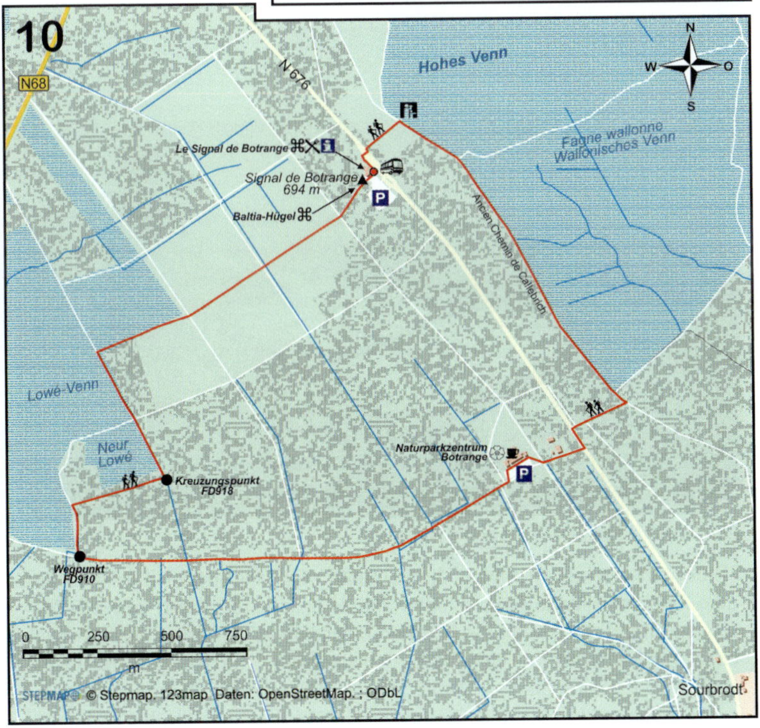

10
N68
N 676
Hohes Venn
N
W
O
S
Le Signal de Botrange
Signal de Botrange 694 m
Baltia-Hügel
Fagne wallonne Wallonisches Venn
Ancien Chemin de Cailebrich
Lowé-Venn
Neur Lowé
Kreuzungspunkt FD918
Naturparkzentrum Botrange
Wegpunkt FD910
0 250 500 750
m

Sourbrodt

Signal de Botrange

Um den höchsten Punkt von Belgien besonders hervorzuheben, wurden im Laufe der Jahre mehrere Maßnahmen ergriffen: 1804 ließ der von Napoleon Bonaparte eingesetzte Vermesser Tranchot einen hölzernen Turm errichten. Von 1807 stammt die 80 cm hohe Pyramide Tranchot, sie wurde 1894 durch einen trigonometrischen Punkt ergänzt. 1923 folgte die Butte Baltia, die Sie am Ende der Wanderung passieren. 1934 wurde der 1925 abgebaute Holzturm durch einen 24 m hohen gemauerten Turm ersetzt. Er nennt sich Signal de Botrange und bietet an klaren Tagen einen Panoramablick über die gesamte Hochebene.

Tourist-Info Botrange, ☏ +32/(0)40 44 73 00, tourisme@waimes.be, Mo bis Fr 10:00 bis 15:00, Sa, So 10:00 bis 16:00

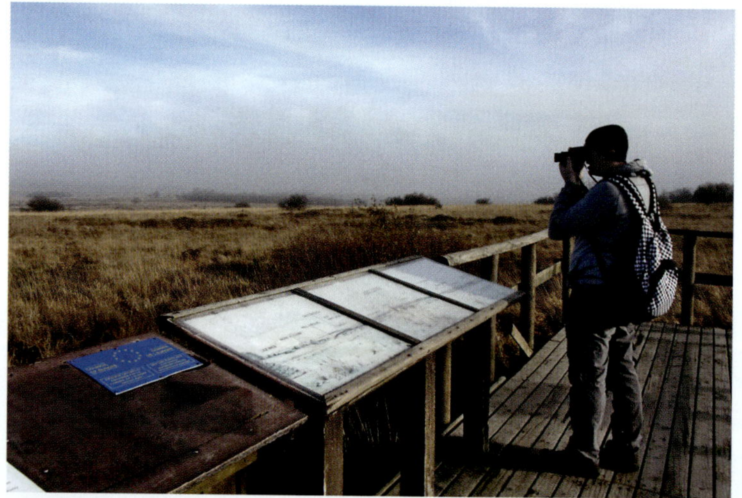

Am Aussichtspunkt zum Fagne Wallonne

Gestartet wird am Signal de Botrange. Sie überqueren die N676 auf dem Zebrastreifen und gehen hinter dem Holzzaun rechts auf einem Schotterweg an einem Stromhäuschen und einer Schranke vorbei. Schon erreichen Sie das Venn mit einem Aussichtspunkt mit Blick in das Fagne Wallonne (= Wallonisches Venn), das schon seit 1957 Naturschutzgebiet ist. Hier lebt und brütet noch heute das vom Aussterben bedrohte Birkhuhn.

Schutzzonen im Hohen Venn

Das Venn ist in vier Schutzzonen aufgeteilt, die jeweils zu Beginn gut mit einem großen Buchstaben markiert sind. Zone A darf frei betreten werden, in Zone B dürfen die Wege nicht verlassen werden. Das Fagne Wallonne gehört zur Zone C, d.h., es darf nur in Begleitung eines autorisierten Naturführers betreten werden. Die Zone D ist völlig gesperrt. Dreieckige rote Fahnen weisen die Besucher auf aktuelle Gefahren und Sperrungen hin, z. B. bei Waldbrandgefahr.

Hunde sind in allen Zonen verboten, selbst wenn sie an der Leine geführt werden. Es gibt aber oft Wege, die nur am Rand einer der Schutzzonen entlangführen, sodass auch Wanderer mit Hund das wildromantische Venn erleben können.

Dort biegen Sie rechts ab und wandern etwa 1 km auf dem Ancien Chemin (= alten Pfad) de Callebrich am Rand des Venns entlang. Hier verlaufen auch der rot-weiß gekennzeichnete GR573, ein Rundweg mit einem grünen Kreuz und der Weg des Gedenkens. Der internationale Rundwanderweg ist 94 km lang und der Ardennenschlacht gewidmet. Im Waldstück rechter Hand werden Leckermäulchen von den Heidelbeerfeldern angelockt.

Am Ende des Venns gehen Sie noch geradeaus in den Wald hinein. Nach etwa 30 m, an einer Infotafel zum Thema Torf als Brennstoff der Armen, biegen Sie rechts ab (+ und GR). Sie passieren einen Wasserbehälter und erreichen die N676, der Sie etwa 50 m nach links folgen. Dort queren Sie die Nationalstraße auf einem Zebrastreifen und folgen der Zufahrt Richtung Naturparkzentrum.

Naturparkzentrum Botrange, Route de Botrange 131B, 4950 Robertville, ☏ +32/(0)80/80 44 03 00, www.botrange.be, info@botrange.be

☺ Von April bis Oktober werden hier auch Planwagenfahrten angeboten.

Café-Restaurant Fagn'eteria, ☏ +32/(0)80/44 53 59, Di bis So 10:00 bis 17:00

Dessen Spielplatz und P Parkplatz passieren Sie und laufen geradeaus auf dem Schotterweg weiter. Hier finden Sie als Markierungen das grüne Kreuz und ein blaues Rechteck.

Der Weg schwenkt hinter einem Moortümpel leicht nach rechts. Am Wegpunkt FD910 folgen Sie dem nach rechts abzweigenden Weg leicht bergauf Richtung Mont Rigi. Dieser Forstweg führt einem typischen Moorbach entgegen.

Überschäumender Moorbach

Im Herbst wundern Sie sich vielleicht über die Schaumbildung in diesem lebhaften Bach. Das hat wahrscheinlich nichts mit unvernünftigen Zeitgenossen zu tun, die weiter oben Waschmittel eingebracht hätten. Solche Schaumbildung hat gerade in kleineren Bächen eine natürliche Ursache. Der flutende Hahnenfuß und andere Wasserpflanzen bilden schäumende organische Stoffe, diese können auch beim Abbau von Laub und Algenaufwuchs entstehen. In Waldbächen darf daher vor allem im Herbst und Winter eher von natürlicher Schaumbildung ausgegangen werden.

Sie passieren einen weiteren Moortümpel und gehen am Ende des Waldstücks nach rechts zwischen dem Moor Neur Lowé und Wald weiter, das Signal de Botrange ist links voraus schon über den Baumwipfeln des nächsten Waldstücks zu sehen. Am Kreuzungspunkt FD918 schwenkt der Weg nach links zur Höhe des Lowé-Venns. Nach gut 200 m folgen Sie dem

Durch märchenhaft anmutenden Wald

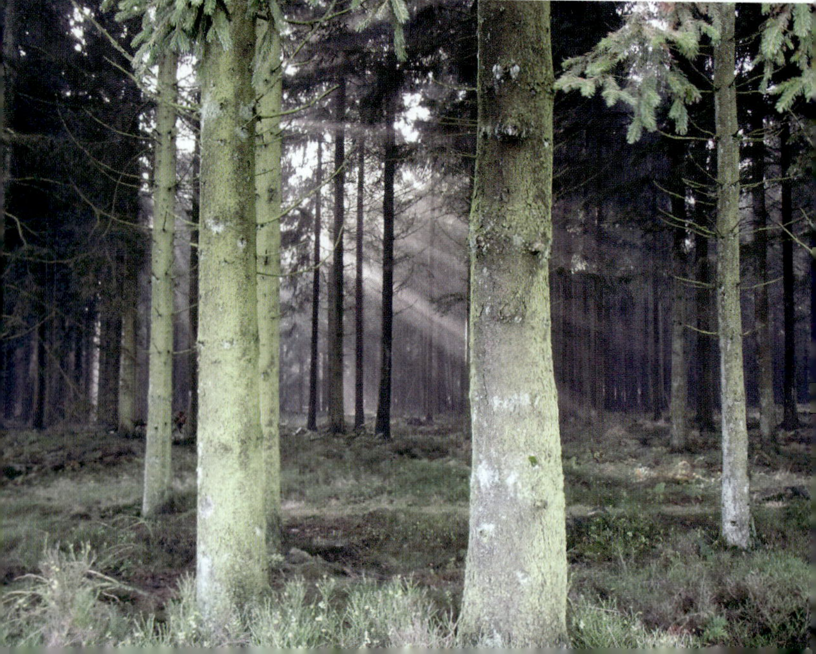

Holzbohlenweg nach rechts Richtung Signal de Botrange. Am Ende des Steges gehen Sie geradeaus in den Wald hinein, hier kommt zum grünen Kreuz auch wieder die Markierung des Wegs des Gedenkens hinzu.

Am Ende des Waldstücks, unmittelbar am P Parkplatz, fällt Ihnen auf der linken Seite eine Treppe auf, die scheinbar ins Nichts führt. Sie hat aber eine besondere Bedeutung: 1923 wurde auf Initiative des Königlichen Hohen Kommissars für die Ostkantone, Generalleutnant Baron Baltia, ein Observatorium aus Bruchsteinen gebaut, von einem Erdhügel umschlossen und mit einer Plattform gekrönt. Über die Treppe gelangt man auf diese Plattform, die durch den Baltia-Hügel sechs Meter höher als die Umgebung liegt, sodass man hier auf genau 700 m ü.NN. steht.

Baltia-Hügel

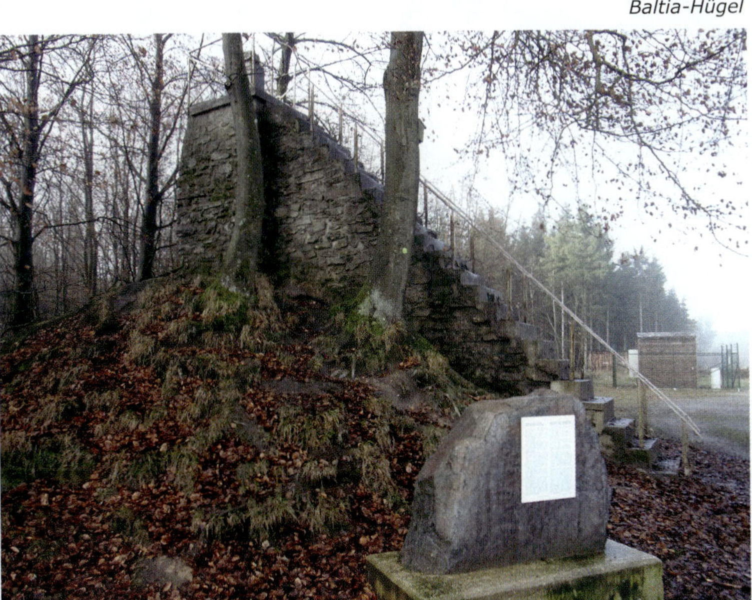

Brasserie & Restaurant Le Signal de Botrange, 135 Route de Botrange, B-4950 Robertville, ☏ +32/(0)80/44 48 44, www.lesignaldebotrange.be, täglich ab 11:00

III. Kalkeifel

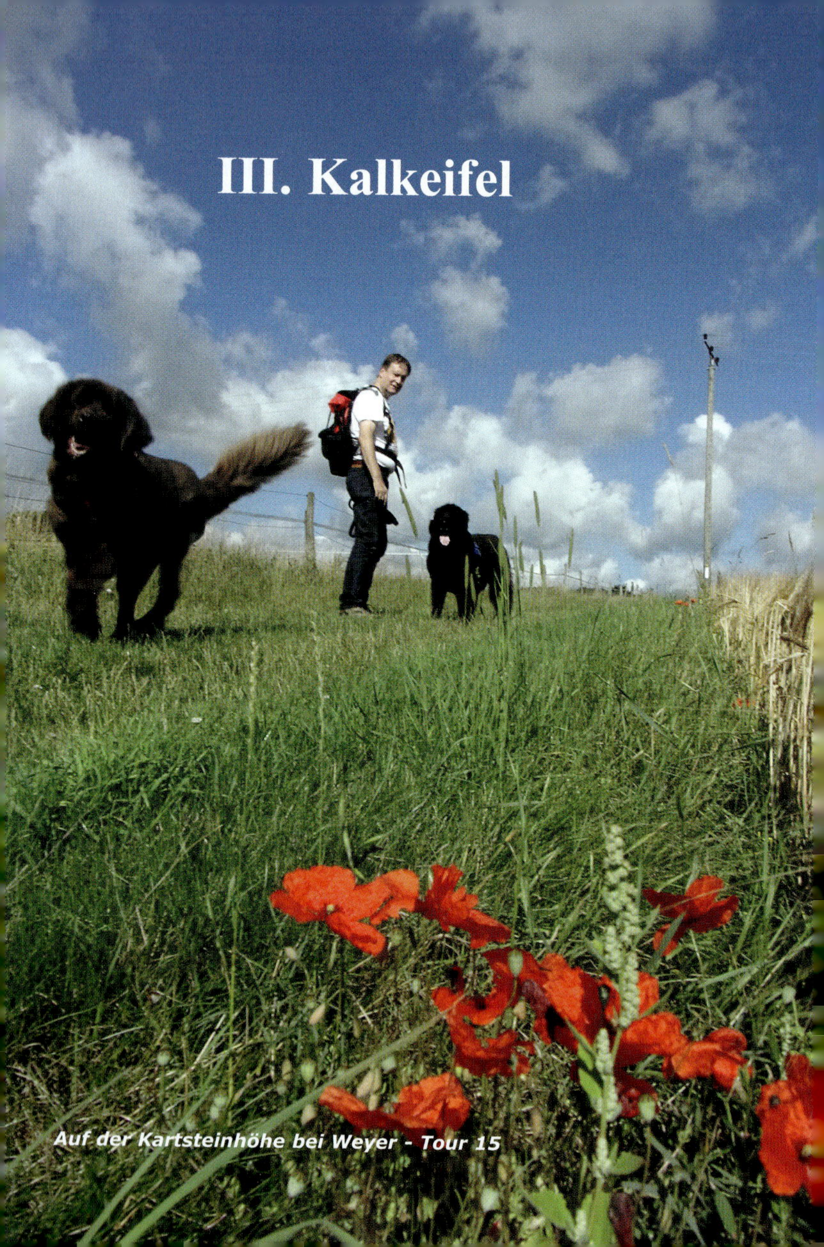

Auf der Kartsteinhöhe bei Weyer - Tour 15

⑪ Rund um das Rheinische Freilichtmuseum in Kommern

Tour für geschichtsinteressierte Familien

Diese unschwierige Rundwanderung führt durch Wald und Flur rund um das Rheinische Freilichtmuseum Kommern. Fernblicke in die Voreifel ergeben sich unterwegs ebenso wie aufschlussreiche Einblicke in die Geschichte.

- Start/Ziel: P Wanderparkplatz Erholungspark Mühlenthal, GPS N 50°35,902' E 006°37,908'
- 9,6 km
- etwa 3 Std. 30 Min.
- 255 m/255 m
- 236-347 m
- örtlicher Wanderweg 1
- Bauerncafé zur Zehntscheune (km 4,7)
- ein Rastplatz (km 3,8) und Sitzbänke am Wegesrand
- Tradis: GC1M4WB In der Bärenschweiz geht's Aufwärts..., GC1ZCFV Happy Birthday franky1848, GC3M9RD Burg Eicks, GC1QX8H Alter Eingang, GC1XHG8 Vergessener Ort; ferner ein Mystery und mehrere Multis
- Geocaches, Kinderspielplatz, Minigolf, Freilichtmuseum und Sommerrodelbahn am Weg oder nur wenige Schritte entfernt
- bedingt buggytauglich durch hüftbreite Pfade mit zum Teil ziemlich grobem Untergrund
- Für Hunde gut zu laufen, mehrere Bäche und Saufmöglichkeiten, die Leine ist nur in den Orten und an der B266 nötig.
- Bushaltestelle B266/Seeweg, Taxibus 868 und 894 von Mechernich Bf (mind. 30 Min. vorher vorbestellen: ☏ 024 43/10 00)
- P Wanderparkplatz Erholungspark Mühlenthal an der B266

Den P Wanderparkplatz verlassen Sie in Richtung Kreisverkehr. Die Lok und die Lore im Kreisverkehr erinnern daran, dass in dieser Region Bergbau betrieben wurde. Der gebogene Betonträger soll den oberen Teil einer Spitzhacke darstellen und zeigt ins benachbarte Mechernich, wo es ein ⌘ Bergbaumuseum gibt (☞ Tour 14).

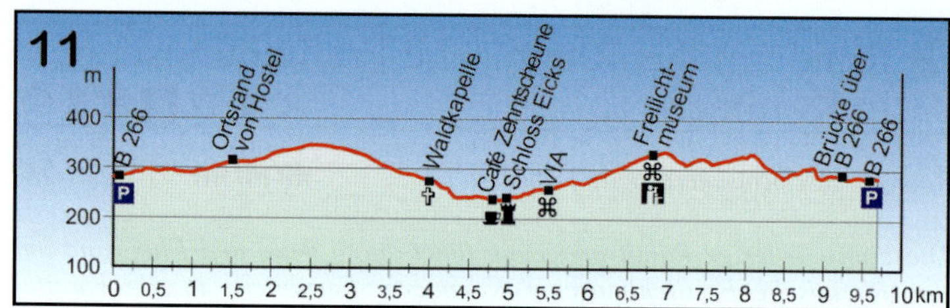

Am Kreisverkehr gehen Sie links über die Straße nach Mechernich und rechts über die B266. Dahinter wandern Sie links die Straße Mühlental hinauf.

☺ Erlebniswelt Eifeltor (💻 www.hotel-eifeltor.de): Sommerrodelbahn, Minigolf, Quadbahn, Spielplatz und Indoorspielarena

An der Gabelung, an der es ↳ rechts zur Sommerrodelbahn geht, laufen Sie geradeaus im Krebsbachtal weiter. Der Weg führt zunächst durch den Wald, dann zwischen Bachauen und Feldern weiter. Sie gehen auch noch geradeaus, wenn die Radroute nach rechts weggeführt wird.

Erst hinter einer Linkskurve folgen Sie dem Grasweg nach rechts. Er führt leicht bergauf zum Ortsrand von Hostel. Dort biegen Sie rechts in den Teerweg ein und folgen ihm bis zur nächsten Kreuzung. Nun geht es links auf einem Schotterweg weiter, der hinter einem Hof am Waldrand entlangführt.

An einer Forstwegkreuzung biegen Sie rechts ab, bleiben also nicht auf dem Forstweg, sondern nehmen den Wanderweg daneben. Er führt zu einer Gabelung mit Infotafel zu den örtlichen Nordic-Walking-Strecken. Hier wandern Sie auf der Grenze zwischen dem Kommerner Busch (rechts) und dem Eickser Busch (links). Einen von links kommenden Pfad ignorieren Sie, dahinter nehmen Sie an der Waldwegkreuzung den schmalen Weg nach halb links. Auf diesem schmalen Pfad müssen Familien mit Buggy aufpassen, dass der Nachwuchs keinen Kontakt mit den üppig wachsenden Brennnesseln hat. Er endet an einem Forstweg, hier biegen Sie rechts ab und erreichen nach etwa 50 m die ✞ Waldkapelle mit Rastbänken und Picknicktisch.

✞ Die nach vier Seiten offene Waldkapelle wurde 1782 in klassizistischer Bauweise errichtet. Die Madonna in der Mitte der Kapelle ist ein

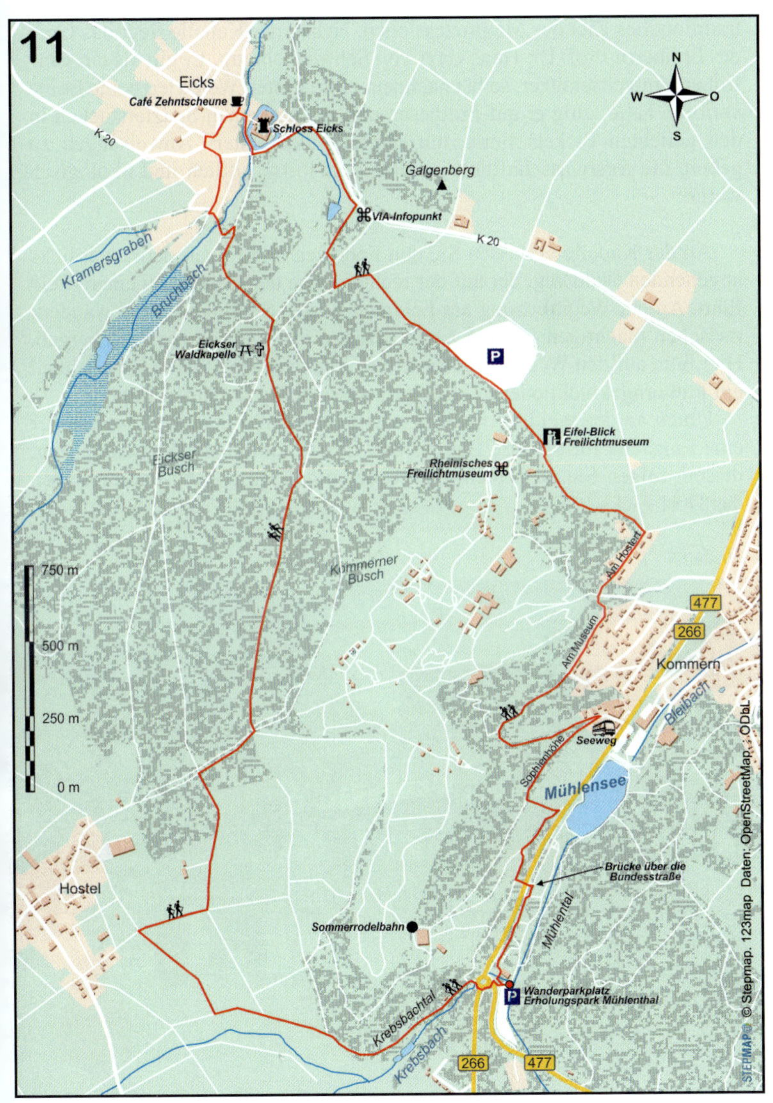
11
Eicks
Café Zehntscheune
Schloss Eicks
K 20
Galgenberg
VIA-Infopunkt
K 20
Kramersgraben
Bruchbach
Eickser Waldkapelle
Eickser Busch
Eifel-Blick Freilichtmuseum
Rheinisches Freilichtmuseum
Kommerner Busch
Am Hostert
477
266
Kommern
Am Museum
Bleibach
Seeweg
Sophienhöhe
Mühlensee
750 m
500 m
250 m
0 m
Hostel
Brücke über die Bundesstraße
Mühlental
Sommerrodelbahn
Wanderparkplatz Erholungspark Mühlenthal
Krebsbachtal
Krebsbach
266
477
© Stepmap. 123map Daten: OpenStreetMap - ODbL

traditionelles Ziel der Maiprozessionen. Neben der Kapelle liegt das Grab des Freiherrn Prof. Dr. Hans Geyr von Schweppenburg. Er gilt als ein ganz früher Umweltschützer, selbst nachdem er im Ersten Weltkrieg beide Beine verloren hatte, ging er auf Prothesen und mit einfachen Spazierstöcken in den geliebten Eickser Forst, um seinen Waldarbeitern Anweisungen zu geben, die forstwirtschaftlich gesehen sehr fortschrittlich und ökologisch waren.

An der Kapelle verlassen Sie den Forstweg und folgen dem nach links abgehenden Waldweg, der auf der rechten Seite der Kapelle zu einem Feld führt. An der Wegkreuzung am Feldrand biegen Sie links ab und wandern zwischen mächtigen Fichten leicht bergauf, dann auf einem Pfad bergab. Hier bitte auf den Weg konzentrieren: Auf den groben Steinen wird schnell ein Fuß umgeknickt oder ein Buggy-Insasse heftig durchgeschüttelt.

Unten an der Weide gehen Sie scharf links auf einem Pfad weiter, der eine Engstelle für breitere Buggys hat. Er trifft auf einen Wirtschaftsweg, diesem folgen Sie nach rechts, überqueren den Bruchbach und erreichen das Dorf Eicks.

In Eicks

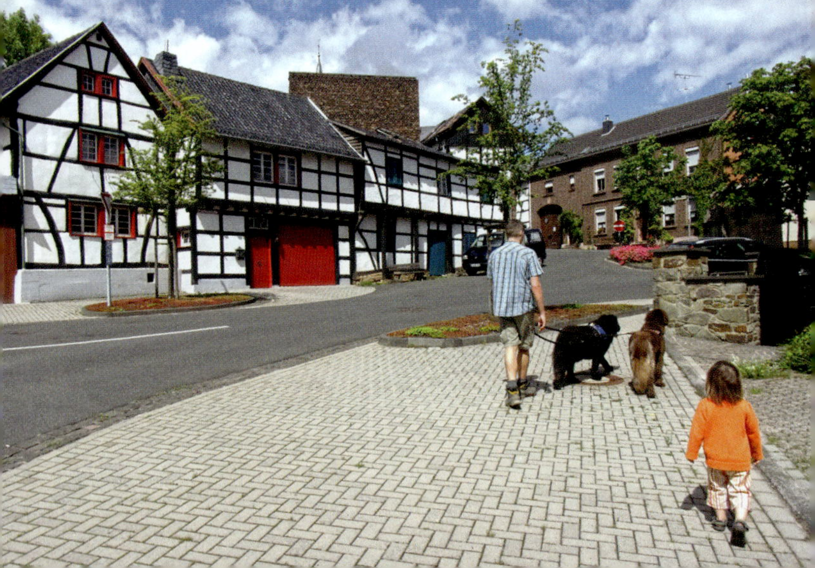

Im Ort biegen Sie rechts in die Waldkapellenstraße und an deren Ende links in die Frankenstraße (K20). Nach 50 m nehmen Sie die nach rechts führende Straße, sie heißt immer noch Frankenstraße. Dort passieren Sie eine Tränke, aus der große Hunde angenehm rückenschonend saufen können. Das Soldatendenkmal lassen Sie links liegen und gehen rechts auf der Frankenstraße weiter. An der Gabelung biegen Sie rechts in die Burgstraße und erreichen eine weitere Gabelung. Hier besteht links die Möglichkeit zur Einkehr im Café zur Zehntscheune, der Rundweg führt rechts über den Bruchbach zum Schloss Eicks.

Bauerncafé zur Zehntscheune, Am Auel 1, 53894 Mechernich-Eicks,
Mi bis Fr 14:00 bis 18:00, Sa, So 10:00 bis 18:00

Auf den Fundamenten eines Vorgängerbaus entstand 1680 das heutige Schloss Eicks, eine Landresidenz in barocker Bauart, die nie zerstört wurde und bis heute in Familienbesitz ist. Entsprechend gut erhalten sind die Bausubstanz, die Gartenanlage und die Einrichtungsgegenstände. Leider kann es nicht besichtigt werden. schloss-eicks.de

Noch vor dem Burggraben folgen Sie dem nach rechts führenden Teerweg um die Wasserburg herum. Er trifft auf die Frankenstraße (K20). Diese queren Sie und folgen ihr auf dem Gehweg nach links Richtung Kommern. Auch wenn der Weg baulich von der Straße getrennt ist, sollten Sie wegen der Nähe zur Straße ein Auge auf mitwandernde Kinder und Hunde werfen. Nach etwa 500 m fällt ein würfelförmiger kleiner Betonbau mit der Beschriftung VIA auf.

VIA

Erlebnisraum Römerstraße heißt das neueste Projekt des Amtes für Bodendenkmalpflege im Rheinland. Ziel ist es, die große Zahl der Bodendenkmäler im Rheinland für den Bürger erlebbar zu machen. Dafür wurden an zahlreichen Stellen im Kölner Umland und in der Eifel die vor fast 2.000 Jahren von den Römern angelegten Staatsstraßen Via Belgica und Via Agrippa in ihrem historischen Verlauf gekennzeichnet, indem Stelen, Informationstafeln oder – wie hier - Mansios angelegt wurden. So bezeichnete man in der Römerzeit Rasthäuser, die Reisenden zur Einkehr und zur Übernachtung zur Verfügung standen. Die heutigen Bauwerke aus nacktem Beton sind für diese Zwecke nicht geeignet, sie haben nur zwei Wände und bieten sich allenfalls als Picknickplatz oder Regenschutz an.

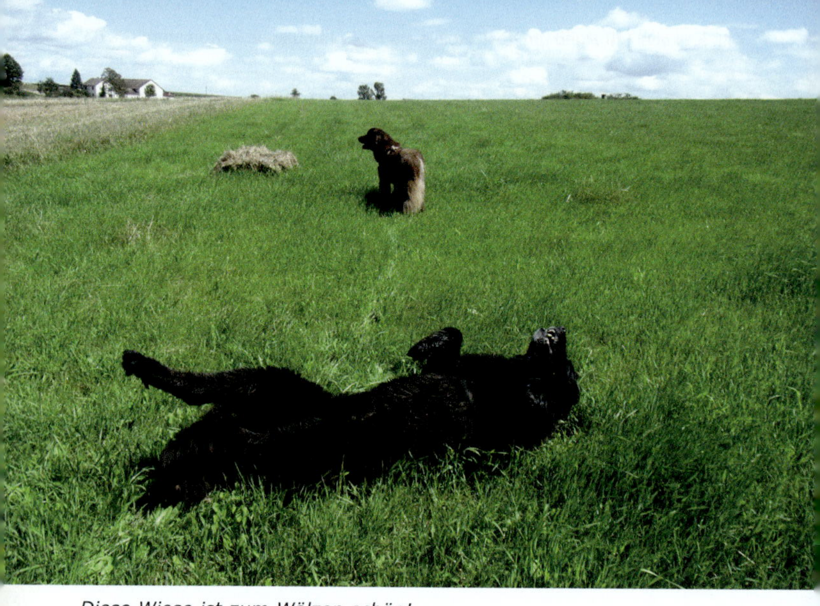

Diese Wiese ist zum Wälzen schön!

Noch vor dem VIA-Infopunkt folgen Sie dem nach rechts führenden Forstweg, gehen also an der Schranke vorbei bis zu einer T-Kreuzung. Hier wandern Sie nach links an einer Weide entlang, dahinter an der nächsten T-Kreuzung links bis zum Waldende. Hinter dem Waldstück nehmen Sie den nach rechts führenden Grasweg, er führt leicht bergauf und verläuft weiter oben parallel zur Zufahrt des ⌘ Freilichtmuseums. Sie gehen nun geradeaus an den Parkplätzen entlang und am Ende weiterhin geradeaus Richtung Eifel-Blick. Hinter dem trigonometrischen Signal nehmen Sie links den Grasweg zum Eifel-Blick Freilichtmuseum. ⇘ Wer das ⌘ Freilichtmuseum besichtigen möchte, geht hier geradeaus weiter.

⌘ Rheinisches Freilichtmuseum. Fast 70 Gebäude aus dem Gebiet der ehemaligen preußischen Rheinprovinz sind in diesem Freilichtmuseum zu sehen, vom kleinen Backhaus über Werkstätten und Bauernhöfe bis hin zum Schulhaus, zur Kapelle, zum Tanzsaal und zur Windmühle. Vier Baugruppen repräsentieren die rheinischen Regionen Niederrhein, Bergisches Land, Westerwald und Eifel. Es handelt sich um Originalbauten, die am Ursprungsort sorgsam abgebaut und im Museum wieder aufgebaut wurden. ☺ Ein Blick in den Veranstaltungsplan auf der Internetseite lohnt sich, denn fast das ganze Jahr über gibt es kleine und große Sonderveranstaltungen, bei denen man das Leben in früheren Zeiten besonders gut kennenlernen kann, vom Brotbacken im Backhaus bis hin zum großen Jahrmarkt anno dazumal.

♦ Eickser Straße, 53894 Mechernich-Kommern, 💻 www.kommern.lvr.de

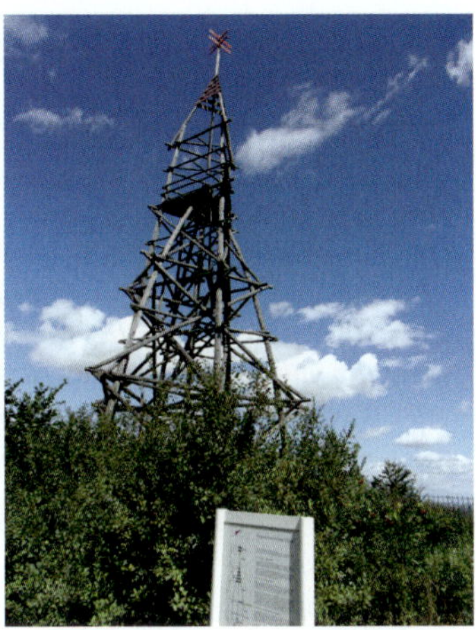

Trigonometrisches Signal am Freilichtmuseum

Hier am Nordrand der Eifel am Eifel-Blick Freilichtmuseum können Sie bei klarem Wetter bis zum Kraftwerk Weisweiler, nach Zülpich, zur Sophienhöhe bei Jülich und nach Köln blicken. Dahinter queren Sie die alte Museumszufahrt und wandern – nun mit schönem Blick nach Kommern – geradeaus am Waldrand weiter. An der Kreuzung gehen Sie rechts die Wohnstraße Am Hostert hinauf. An der nächsten Kreuzung laufen Sie geradeaus weiter, die Straße heißt nun Am Museum. An deren Ende führt der Weg weiter geradeaus, zunächst als Grasweg, später als Waldweg.

Hinter einem Linksbogen laufen Sie an der Gabelung links weiter. An einem alten Eisentor gehen Sie links bergab zu einigen Häusern, um dort scharf rechts abbiegend die Straße Sophienhöhe bergauf zu wandern. Hinter dem Haus Sophienhöhe ist der Weg nur noch geschottert. An einer Sitzbank wandern Sie nach links bergab bis zu einer T-Kreuzung kurz vor der B266.

Hier gehen Sie nach rechts durch den Wald und nehmen an der Gabelung den nach links führenden Schotterweg. Am Beginn der nunmehr geteerten Strecke biegen Sie links ab und eine Brücke bringt Sie sicher zur anderen Seite der B266. Am Ende des Brückenabgangs gehen Sie geradeaus weiter zum Erholungspark Mühlenthal. Hier finden Sie einen Spielplatz, einen Imbiss und eine Minigolfanlage. Hinter der Minigolfanlage halten Sie sich links und nehmen den ersten Weg nach rechts zum Tor des Erholungsparks. Der Bleibach bietet für Hunde noch eine letzte Chance, den Durst zu löschen und die Pfoten zu baden, schon ist der P Wanderparkplatz am Startpunkt erreicht.

⑫ Auf den Spuren der Römer durchs Urfttal

Tour für wasserliebende Wanderer

Auf dem Römerkanal-Wanderweg können fast zwei Jahrtausende alte Ingenieurleistungen der Römer bestaunt werden. Eine leichte Wanderung ohne Mühen bei Auf- und Abstiegen führt durch das Urfttal ins Quellgebiet Grüner Pütz und von dort in das Naturschutzdorf Nettersheim. Der Weg führt vorwiegend durch schattigen Wald.

→ Start: Bahnhof Urft, GPS N 50°30,751' E 006°34,796';
Ziel: Bahnhof Nettersheim, GPS N 50° 29,564' E 006° 37,826'

6,1 km

knapp 2 Std.

↑↓ 165 m/127 m

⇧ 410-461 m

stilisierter Kanalschnitt des Römerkanal-Wanderwegs

Schneider's Eck am Start, mehrere gute Einkehrmöglichkeiten am Ziel in Nettersheim

zwei Rastplätze (km 0,1 und km 1,7), eine Schutzhütte (km 3) und einige Sitzbänke

GC14E3B Brunnenstube „Grüner Pütz", Multi für den Rückweg, wenn Sie nicht mit der Bahn zurückfahren wollen; GC1ABB9 Ruine Stolzenburg, Tradi mit Aussicht am Abstecher zur Stolzenburg

Es gibt keine Gefahrenstellen außer der Bahnlinie.

Die Strecke ist problemlos mit dem Buggy befahrbar.

Der Weg führt parallel zur Urft durch schattigen Wald, Ihr Wuffel kann also seinen Durst problemlos stillen. Nur in den Orten muss kurz die Leine eingesetzt werden.

Bushaltestelle Urft, Taxibus 835 von Kall, Steinfeld und Nettersheim

Bahnhof Urft und Bahnhof Nettersheim, Verbindung alle 2 Std.

P Wanderparkplatz an der L204 in Bahnhofsnähe

☺ Diese Wanderung lässt sich mit der Tour 13 verbinden (400 m).

Wasser für Colonia

Als Köln noch Colonia Claudia Ara Agrippinensium hieß und von den Römern bewohnt wurde, fühlten sich die Bürger zwar am Rhein sehr wohl, wollten aber weder daraus trinken noch darin baden. Das ist nicht verwunderlich, denn es war damals üblich, alle Abwässer und viele Abfälle einfach in den Fluss zu entsorgen. Also machten sich Fachleute auf den Weg, um frisches und wohlschmeckendes Wasser zu finden. Anfangs genügte die von einigen Bächen der westlichen Nachbarorte gespeiste Vorgebirgsleitung, doch als der Wasserbedarf stieg, wurde die 95 km lange Eifelleitung gebaut, in der gutes Wasser aus dem Quellgebiet der Urft bis ins Zentrum von Köln fließen konnte. Bis zu 24.000 Kubikmeter Wasser wurden darin befördert, um es kühl zu halten, wurde die Leitung unterirdisch verlegt. Sichtbar war sie nur für die Überquerungen von Bächen und Flüssen. Es handelt sich dabei um eine reine Gefälleleitung. Eine solche in ein Gelände zu bauen, in dem eine Wasserscheide, mehrere Bachtäler und der Villerücken zu überwinden waren, wird noch heute als geniale Ingenieurleistung betrachtet.

Quellfassung der Römischen Wasserleitung im Grünen Pütz bei Nettersheim

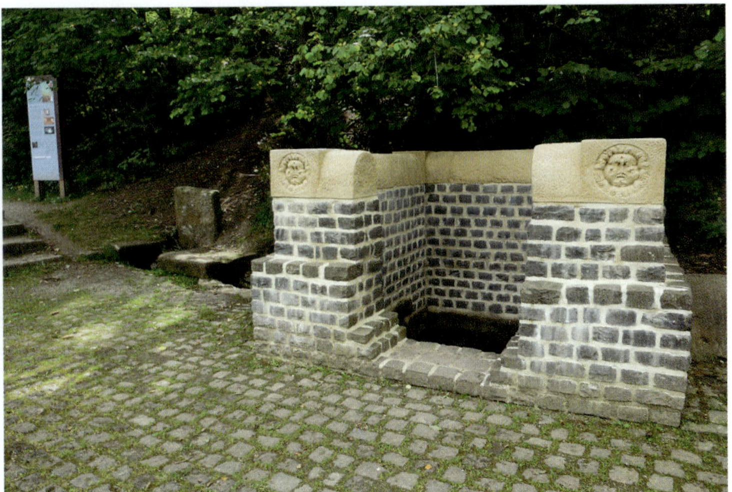

↳ Wer zu Beginn der Wanderung schon weiß, dass diese Tour ihm zu kurz vorkommen wird, kann einen Abstecher von gut 2 km zur Ruine der Stolzenburg einplanen. Dazu gehen Sie (vom Bahnhof kommend) an der Kreuzung mit dem Wanderparkplatz nach links neben der L204 bis zum Park der ♜ Burg Dalbenden. Auf der anderen Straßenseite führt ein kleiner Pfad in den Wald hinein und nach einer Linkskurve zu einem relativ großen und gut erhaltenen Aufschluss der ⌘ römischen Wasserleitung. Neugierige und Mutige können hier sogar einige Meter durch die Leitung krabbeln.

Dahinter führt der Weg nach zwei kurzen Richtungswechseln stetig den Hang hinauf bis zur Ruine der Burg Stolzenfels – mitunter auch Stolzenburg genannt.

♜ Die Ruine der Stolzenburg hoch über dem Urfttal blickt vermutlich auf eine fast zweitausendjährige Geschichte zurück. Hier soll ein römischer Wachtposten oder ein Kastell gestanden haben von dem aus der Römerkanal bewacht werden konnte. Die heute erhaltenen Mauerreste stammen aus der Zeit der Karolinger, also ungefähr von 750 bis 900.

Eifel-Blick 31 „Ruine Stolzenburg“, ⇧ 450 m, Blick von der Burgruine ins Urfttal, zum Kalksteinbruch und aufs Kloster Steinfeld

📖 **Römerkanal-Wanderweg**, Ingrid Retterath, OutdoorHandbuch Der Weg ist das Ziel Band 240, IBN 978-3-86686-240-1, € 12,90

✕ Schneider's Eck, Urfttalstraße 5, 53925 Kall-Urft, ☏ 024 41/99 48 48, 💻 www.schneiders-eck.com, Mi bis Sa ab 16:30, So ab 15:00

Am Bahnhof starten Sie ortsauswärts und laufen zum **P** Wanderparkplatz am Anfang der kleinen Straße Neuwerk. Dieser Straße folgen Sie und passieren einen Aufschluss der römischen Wasserleitung, bei dem Sie von oben in die Rinne des Römerkanals schauen können. An einer Gabelung nehmen Sie den rechten Weg. Sie wandern parallel zur Urft, die tief unten im Tal zwischen den Bäumen hindurchglitzert.

Hinter einigen Gebäuden des Hofs Neuwerk laufen Sie kurz durch eine parkähnliche Landschaft, schon bald ist rechts die Urft wieder zu sehen. Der Weg macht gemeinsam mit der Urft eine große Schleife nach Norden. In deren Scheitelpunkt querte früher die römische Wasserleitung das Flussbett über ein Aquädukt.

Kurz danach liegt links im Hang die Achenlochhöhle. Ein Besuch ist nicht zu empfehlen, denn darin leben Fledermäuse, die vor Störungen geschützt werden sollen. Außerdem gibt es immer wieder Steinschlag aus den umliegenden Felswänden. Wir haben schon Steine in der Größe einer Melone und eines Medizinballs auf dem Weg liegen gesehen, denen wir ungern auf halber Höhe im Hang begegnet wären.

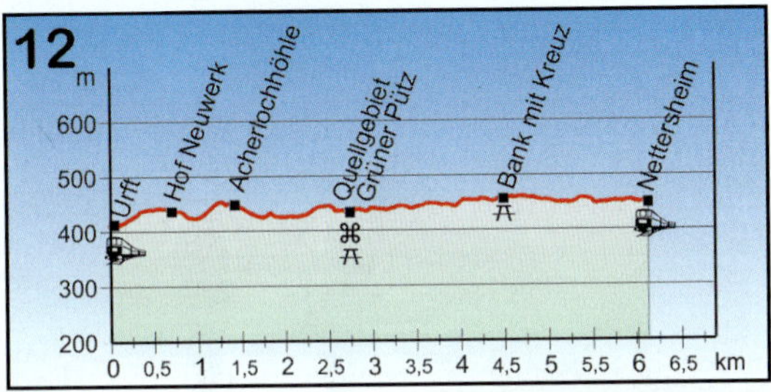

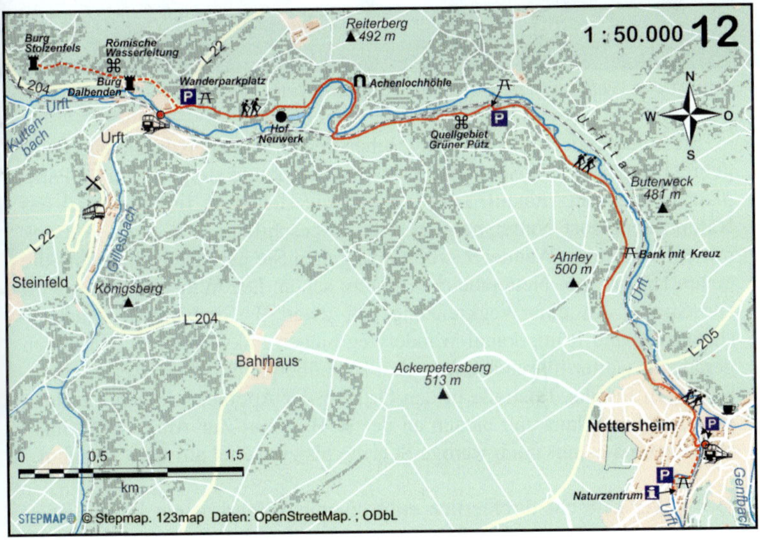

Auf einer Brücke überqueren Sie die Urft und queren einige Meter danach die Bahnstrecke. Dahinter führt der Weg nach links am Waldrand entlang durch die Auenlandschaft. An der zweiten Kreuzung verlassen Sie den breiten Waldweg und gehen nach links auf die Bahnlinie zu. Kurz davor führt ein schmaler Weg nah an den Gleisen vorbei und bringt Sie ins Quellgebiet Grüner Pütz. Hier befindet sich der Beginn der römischen Wasserleitung, noch heute birgt der Boden zahlreiche Leitungsabschnitte und eine Brunnenfassung. Das Wasser wurde hier in Sickerleitungen gesammelt: Die zum Hang zeigende Seite wurde porös und ohne Mörtel gebaut, sodass Wasser einsickern konnte.

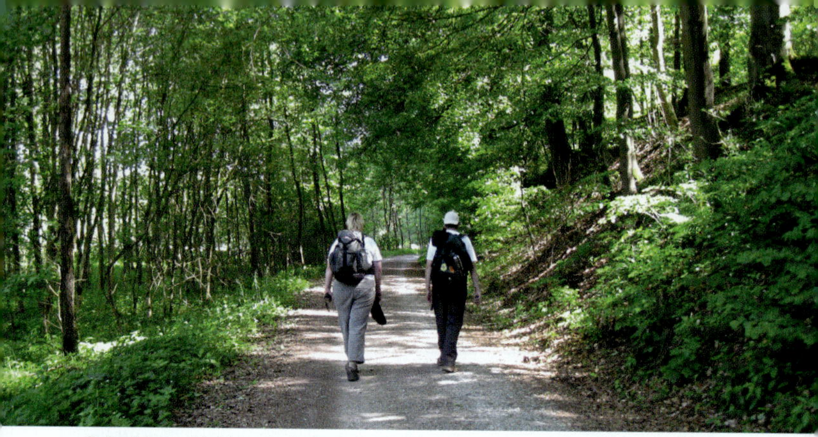

Schattiger Wald zwischen Grünem Pütz und Nettersheim

Sie laufen nun auf dem Weg zwischen den Grasflächen durch das Quellgebiet bis zu einer Schutzhütte aus Fachwerk und steigen zum Parkplatz Grüner Pütz hinauf. Dort wenden Sie sich nach links, hier ist das Naturerlebnisdorf Nettersheim bereits ausgeschildert. An einer Bank mit einem Kreuz (Wanderer grüß Gott) gehen Sie geradeaus, hier sind die ersten Häuser von Nettersheim schon zu sehen. Der Wirtschaftsweg wird zur Straße. An einerWegkreuzung mit zwei Sitzbänken geradeaus (Eifelsteig und Römerkanal-Wanderweg biegen links ab) nehmen Sie den geradeaus weiter führenden Weg. Am Bahnübergang Auf der Aerk/Talstraße folgen Sie der Talstraße in den Ort. An der Apotheke folgen Sie links dem Straßenverlauf und biegen an der Bäckerei Zur Ähre erneut links ab. Nun sind es nur noch wenige Schritte bis zum Ziel am Bahnhof.

Wer es nicht fürchterlich eilig bis zur Abfahrt seiner letzten Bahn hat, sollte unbedingt am Bahnhof vorbei auf dem Fußweg neben der Urft bis zum Naturzentrum Eifel weiterwandern. Auf der großen Rasenfläche mit dem Teilstück der Eifelwasserleitung lässt es sich herrlich picknicken. Wer nun etwas desorientiert ist, bekommt meine Bestätigung: Hier gab es keine römische Wasserleitung, weil ja die Quellfassung schon hinter Ihnen liegt. Dieses Teilstück wurde bei Straßenbauarbeiten in Mechernich-Breitenbenden gefunden und musste einer Straßenbrücke weichen.

Naturzentrum Eifel, Urftstraße 2-4, 53947 Nettersheim, www.naturzentrum-eifel.de, Mo bis Fr 9:00 bis 16:00, Sa, So 10:00 bis 16:00, Mai bis Okt tägl. bis 18:00, Kaffee und Tee für Besucher

⑬ Der römische Erlebnisweg in Nettersheim

Tour für Freunde der römischen Geschichte

Auf gerade einmal 5 km können Sie bei diesem Rundweg zahlreiche Funde und Rekonstruktionen von Bauwerken aus der Römerzeit besuchen und entdecken.

Sie wandern ein Stück auf der römischen Agrippastraße und werden zu einem Matronentempel, einem Dorf, einer Brücke, einem Kleinkastell und einem Kalkbrennofen aus römischer Zeit geführt. Da der Archäologische Landschaftspark Nettersheim erst im Aufbau ist, kann es sogar sein, dass Sie bei Ihrer Wanderung schon Neues entdecken, das mir Anfang 2015 noch verborgen blieb.

- Start/Ziel: Naturzentrum in Nettersheim, GPS N 50°29,389 E 006° 37,656
- 4,7 km
- etwa 1 Std. 30 Min.
- 106 m/106 m
- 453-497 m
- Drei Matronen
- Naturzentrum (km 0/km 4,7), Taverne (km 4,3) und einige Einkehrmöglichkeiten im Ort (300 m)
- eine Schutzhütte am Tempel (km 1,4), Rastplätze am Naturzentrum (km 0/km 4,7) und am Römerweiher (km 3,5), außerdem Sitzbänke an allen Stationen des Erlebnisweges
- WC öffentliche Toilette im Naturzentrum (km 0/km 4,7)
- GC18TMJ Nettersheim (Eifel) in the Devonian period, Earth Cache; ferner starten am Naturzentrum zwei Multis.
- Eine spannende Erkundungsrunde, bei der ihr entdeckt, wie die Römer gewohnt, gearbeitet, gebaut und gebetet haben.
- Auf den wenigen Streckenabschnitten, die nicht buggytauglich sind, gibt es markierte Umleitungen.
- Hunde können bis auf das kurze Stück in Nettersheim frei laufen und finden unterwegs genug Wasser.
- DB-Bahnhof Nettersheim
- Parkmöglichkeit am Startpunkt und im Ort am Bahnhof
- Diese Tour lässt sich an die Tour 12 anhängen (400 m).

Im Naturzentrum Eifel können Sie sich vor dem Start über den aktuellen Baufortschritt des Archäologischen Landschaftsparks Nettersheim informieren.

Naturzentrum Eifel, Urftstraße 2-4, 53947 Nettersheim, www.naturzentrum-eifel.de, Mo bis Fr 9:00 bis 16:00, Sa, So 10:00 bis 16:00, Mai bis Okt tägl. bis 18:00, Kaffee und Tee für Besucher

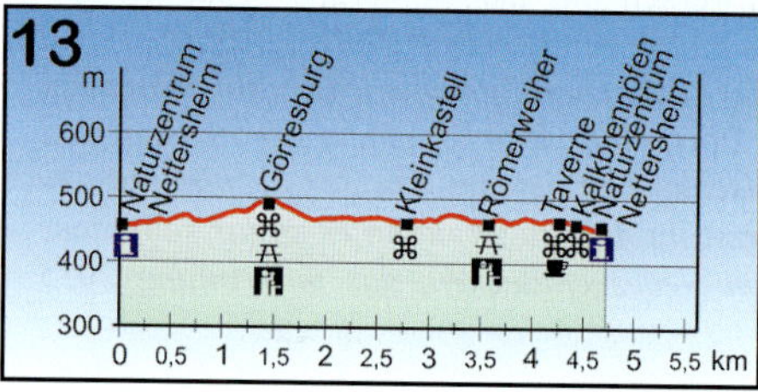

Mit dem Eingang des Naturzentrums im Rücken starten Sie nach links und laufen der Urft entgegen, zunächst auf einem Gehweg, später auf einer Straße. An deren Ende laufen Sie rechts über die Urftbrücke und folgen der Urftstraße nach links. Dabei passieren Sie zwei P Parkplätze, eine Sitzbank und ein Baustellenschild des Archäologischen Landschaftsparks. Linker Hand entdecken Sie die Station 1 des Erlebnisweges, an der Sie die verschiedenen von den Römern genutzten Straßenbeläge begutachten (im Sommer auch barfuß ertasten?) können. Innerorts wurden meist Pflastersteine eingesetzt, ansonsten Kies und Schotter.

Der Weg führt parallel zur Bahnlinie leicht bergauf und passiert den Wohnmobilhafen Nettersheim (30 Stellplätze,) und eine Sitzbank. Dahinter ist der Teerweg für Kfz gesperrt. An einem Mobilfunkumsetzer queren Sie einen Bach und folgen nach etwa 20 m den Wegweisern nach rechts Richtung Matronenheiligtum. Wer mit dem Buggy unterwegs ist, bleibt auf dem bergauf verlaufenden Teerweg, er führt gut markiert zum Matronenheiligtum und zu den Streifenhäusern.

Sportlichere Naturen nehmen den rechts davon bergauf führenden schmalen Pfad. Er leitet Sie den felsigen Hang hinauf und trifft auf einen Schotterweg, dem Sie nach rechts Richtung Matronenheiligtum folgen. An einer Weggabelung steigen Sie links die elf Stufen hinauf und haben am Treppenkopf die Möglichkeit, auf einer Bank zu verschnaufen, bevor Sie dem Pfad zwischen Büschen hindurch bergauf folgen. Dieser Abschnitt ist bisweilen etwas matschig.

Auf diesem und dem ersten, felsigeren Pfad davor können Sie mit etwas Glück typische Pflanzen entdecken, die Kalkmagerrasen bevorzugen, z. B.

Kuhschelle, Orchideen und Enzian. Über eine Wiese erreichen Sie das Matronenheiligtum. Hier oben auf der Freifläche ist an schönen Tagen ein idealer Ort für ein Picknick, an anderen Tagen finden Sie Platz in einer ⩩ Schutzhütte.

⌘ Die römische Tempelanlage auf dem Görresberg ist geprägt von den Steinen mit Abbildungen aufanischer Matronen. Diese Muttergottheiten wurden um Schutz vor Naturgewalten, um Gesundheit und um Fruchtbarkeit für das Land, das Vieh oder die Frauen gebeten. Im 1. Jh. n. Chr. wurden die Opfergaben an einem Erdaltar abgelegt, dem im 2. Jh. Steinaltare folgten. Die Tempelanlage hatte bis ins 4. Jh. Bestand.

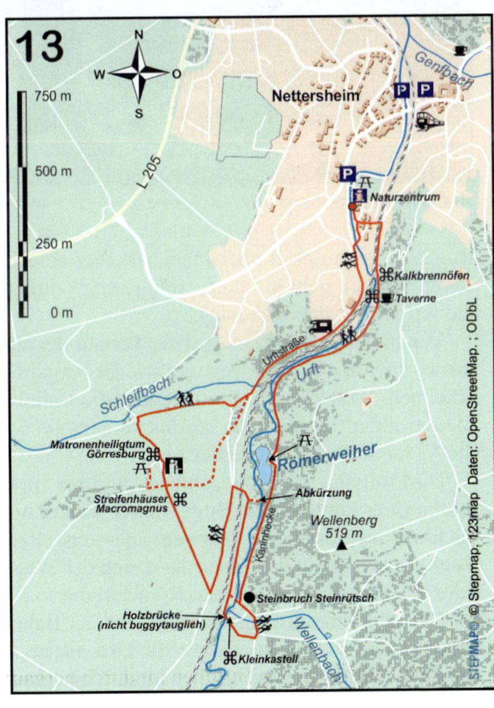

Auf der Höhe gehen Sie hinüber zur Infotafel „Ausblick auf Marcomagnus“, dort haben Sie in der Tat einen schönen Blick hinab ins Urfttal und zu den rekonstruierten Grundrissen der Streifenhäuser der Römersiedlung Marcomagnus, die sich entlang der Agrippastraße bis zur Urft erstreckte. Die streng rechteckigen Häuser bestanden aus einem Bruchsteinsockel, auf den Fachwerkwände aufgesetzt wurden.

Sie queren nun den Teerweg (mit ⩩ Sitzbank), auf dem die Wanderer mit Buggy den Berg hinaufgekommen sind, und folgen der mit Gras und Schotter visualisierten Trasse der Römerstraße zu den Streifenhäusern. Das ist mit einem

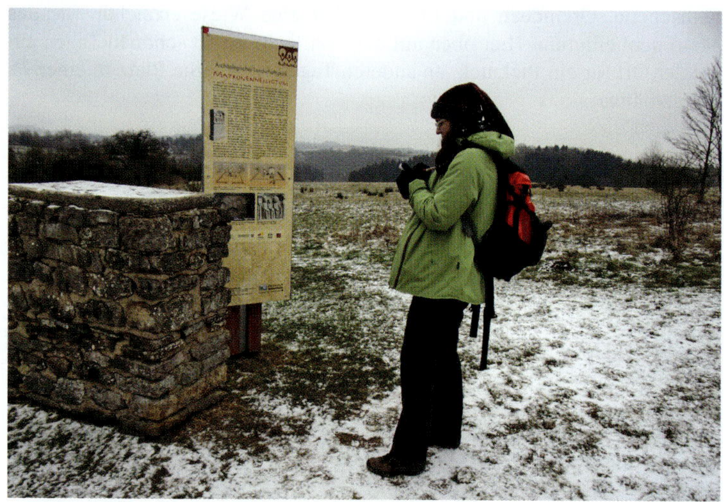

Auf dem Görresberg

Buggy zwar holprig, aber machbar. Wer sein Kind nicht so sehr durchschütteln will, geht auf dem „Buggyweg" zurück und trifft an der Bahnlinie wieder auf den Rundweg.

Von hier oben lässt sich gut der Verlauf der alten Römerstraße den Hang hinab, über die Urft hinweg und wieder bergauf bis zu einer Waldschneise erkennen. Weil zwischenzeitlich aber die Bahnlinie gebaut wurde, können Sie der alten Römerstraße nur bis zu dem Teerweg im Tal folgen, auf der die VIA (☞ Tour 11) verläuft.

Dort müssen Sie links abbiegen und bis zu einer Kreuzung mit Kreuz laufen (hier kommen die Buggyfahrer wieder hinzu). Dort folgen Sie dem nach rechts führenden Teerweg über eine Bahnbrücke und durch eine Rechtskurve. ↳ In der Kurve lässt sich der Weg geradeaus abkürzen, über eine Treppe erreichen Sie den Römerweiher.

Der Weg führt auf der anderen Seite der Bahnlinie stetig bergab zu dem Punkt, an dem die Römerstraße die Urft querte, und zu zwei Brücken über die Urft. Die erste wird landwirtschaftlich genutzt und ist Wanderern mit Buggy zu empfehlen. Die zweite Brücke befindet sich an der Stelle der spätrömischen Holzbrücke, die vermutlich aus dem Jahr 316 stammte. Der Nachbau ist aber wesentlich schmaler ausgefallen als das Original, die meisten Buggys werden wegen der zusätzlichen Sperren dort nicht durchkommen. Nach dem Überqueren der Holzbrücke erreichen Sie das Kleinkastell, das der Sicherung der Agrippastraße am Urftübergang diente. Es misst etwa 60 x 40 m und wurde wahrscheinlich zeitgleich mit der Urftbrücke erbaut.

Nachbau der Römerbrücke über die Urft

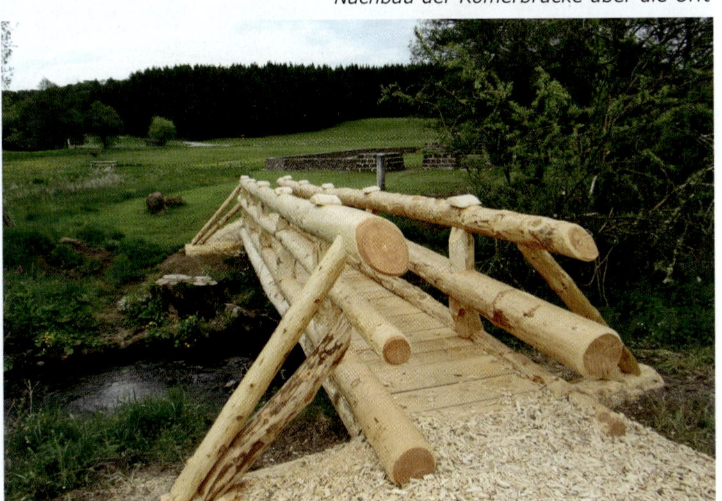

Durchwandern Sie das Kastell und biegen Sie dahinter links auf den breiten Wirtschaftsweg ab. Nun laufen Sie auf dem Eifelsteig. An der Kreuzung gehen Sie geradeaus, queren einen Bach, halten sich dahinter an den linken Weg und biegen noch vor der geteerten Urftbrücke (die ich den Buggyfahrern empfohlen hatte) rechts ab. Sie folgen dem Schotterweg am römischen Steinbruch Steinrütsch entlang. Von links kommt die eben beschriebene Abkürzung über die Treppe, Sie gehen hier geradeaus und erreichen nach 50 m den Römerweiher mit einem idyllischen Picknickplatz und einer vom Wasser umgebenen Aussichtsplattform.

Auf dem Weg namens Kaninhecke wandern Sie nun zwischen der Selbstversorger-Gruppenunterkunft Eifelhaus und einem Abenteuerspielplatz zu den Werkhäusern und der Taverne an einer mächtigen Felswand.

Taverne, 01 51/12 95 82 57, www.taverne-nettersheim.de, Sa 10:00 bis 22:00, So, Fei 10:00 bis 18:00, Suppen, Brotzeiten und Kuchen

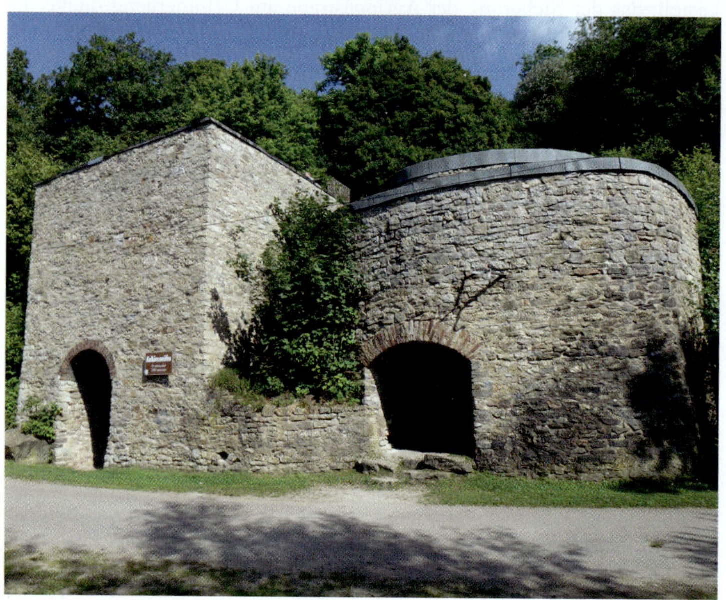

Kalkbrennöfen

Dahinter passieren Sie die römischen Kalkbrennöfen. Im Anschluss führt der Weg ungeschützt neben der Bahnlinie entlang, achten Sie bitte auf Hunde und übermütige Kinder. Hinter den ersten Häusern von Nettersheim und noch vor dem Bahnhof biegen Sie links ab (Römerplatz) und überqueren die Gleise. Sie laufen nun die Straße hinab und biegen kurz vor der Urftbrücke rechts ab. Die Straße und der nach links abgehende Fußweg bringen Sie zurück zum Startpunkt am Naturzentrum Nettersheim.

⑭ Bergbauhistorische Wanderung bei Mechernich

Tour für am Bergbau interessierte Geocacher

Harte Knochenarbeit war es in der Vergangenheit, unter Tage dem Erdreich wertvolle Erze zu entreißen. Diese Rundwanderung gibt einen Einblick in die Bergbaugeschichte der Nordeifel mit ihren Bleierzvorkommen. Abrunden sollten Sie diese Wanderung mit einem Besuch im Bergbau-Museum und einer Führung durch die noch erhaltenen Stollen.

Start/Ziel: Bergbau-Museum, GPS N 50°35,195' E 006°38,983'

8,5 km

knapp 3 Std.

180 m/180 m

315-442 m

keine Markierung

Rucksackverpflegung

nur eine Sitzbank (km 1,4)

Drei Earth Caches und ein Tradi am Startpunkt: GCYTPV ! Achtung Minengefahr !, GC3DPAJ Der Brocken von Mechernich, GC4D67N Arme Eifel: Der Bleigehalt der Erze Günnersdorf, GC4B05M Besucherbergwerk Grube Günnersdorf. Auf der Strecke: GC3VMFK Der lange Emil, Tradi; GC48DD7 Kundschafter des Friedens, Letterbox; GC2DQAA Malakow, Tradi

Ein Lehrpfad erklärt, wie früher Erze abgebaut wurden .

buggytaugliche Runde mit einer anstrengenden Steigung

Hunde können frei laufen, sollten nur zu Beginn und Ende an der Bleibergstraße an die Leine genommen werden. Wasser gibt es in den Weihern – und meist auch in Pfützen.

Bahnhof Mechernich (10 Min. auf der B477)

Parkmöglichkeit am Bergbau-Museum

Der Rundweg beginnt an der Zufahrt zum ⌘ Bergbau-Museum. Dort überqueren Sie die Bleibergstraße und gehen auf dem durch eine Leitplanke geschützten Gehweg bergauf. Sie queren die Zufahrt zu einem Bundeswehr-Materialdepot und kurz darauf erneut die Bleibergstraße. Der Weg führt weiterhin bergauf. Nachdem Sie die Zufahrt zur Bleibergkaserne gequert haben, wechseln Sie oben auf der Höhe die Straßenseite und gehen

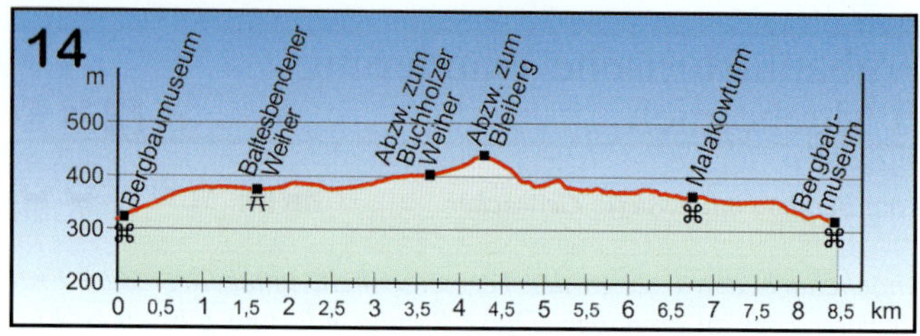

geradeaus auf einem Forstweg an einer Schranke vorbei in den Wald. An der T-Kreuzung biegen Sie links ab und passieren eine weitere Schranke, nach 250 m wandern Sie nach rechts auf einem breiten Waldweg weiter. Der Rundweg führt links zum Baltesbendener Weiher, er war in der aktiven Zeit Teil der Wasserwirtschaft des Bergbaubetriebes. Bevor Sie ihn ansteuern, können Sie sich mit einem ↳ 40 m langen Abstecher geradeaus an der Tafel 1 über den Langen Emil informieren, dem Rest eines Kamins einer Verhüttungsanlage.

Am Weiher besteht auf einer Sitzbank eine Rastgelegenheit mit Blick auf das Wasser. Sie laufen nach rechts auf dem Uferweg weiter. An der T-Kreuzung mit der grünen Hütte biegen Sie links ab und lassen sich an einer Infotafel darüber unterrichten, dass hier früher ein Forsthaus stand. Dahinter gehen Sie an der Gabelung rechts bergauf. An der nächsten Möglichkeit wenden Sie sich erneut nach rechts und wandern durch etwas offeneres Gelände mit Birken und Apfelbäumen, im Sommer flattern hier unzählige Schmetterlinge durch die hoch gewachsene Wildblumenwiese.

Der Weg schwenkt nach links, auf diesem bleiben Sie bis zum großen Eindicker, in den der ausgespülte Schlamm eingeleitet wurde und in dem sich die schwereren Erzpartikel am Boden absetzten.

An der T-Kreuzung wandern Sie nun nach links bergauf bis zu einer weiteren T-Kreuzung am Spülfeld, an der es nach rechts geht. An der nächsten Kreuzung ist ein ↳ Abstecher nach links zum 150 m entfernten Buchholzer Weiher möglich, der ebenfalls Teil der Wasserwirtschaft war. Der eigentliche Weg führt geradeaus wieder leicht bergauf. An einer Einmündung von links gehen Sie weiter geradeaus, bald macht der Weg einen Rechtsbogen bergab.

Ein weiterer ↳ Abstecher ist an der nun folgenden geteerten Gabelung möglich, lohnt sich aber nur bei schönem Wetter, weil immerhin fast 800 m (50 Höhenmeter) zum Aussichtspunkt am Tagebau Kallmuther Berg zurückgelegt werden müssen.

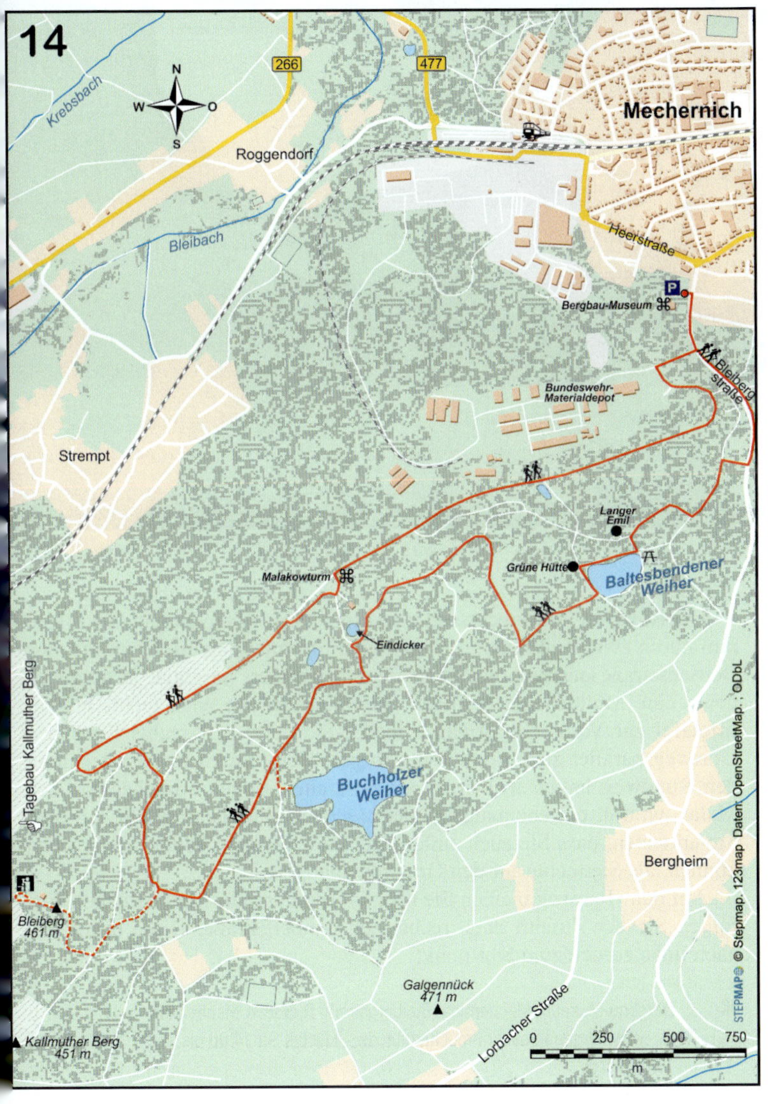
14
N
W
O
S
266
477
Krebsbach
Roggendorf
Mechernich
Bleibach
Heerstraße
Bergbau-Museum
Bleibergstraße
Bundeswehr-Materialdepot
Strempt
Langer Emil
Grüne Hütte
Baltesbendener Weiher
Malakowturm
Eindicker
Tagebau Kallmuther Berg
Buchholzer Weiher
Bergheim
Bleiberg 461 m
Galgennück 471 m
Lorbacher Straße
Kallmuther Berg 451 m
0
250
500
750
m
STEPMAP © Stepmap, 123map Daten: OpenStreetMap, ODbL

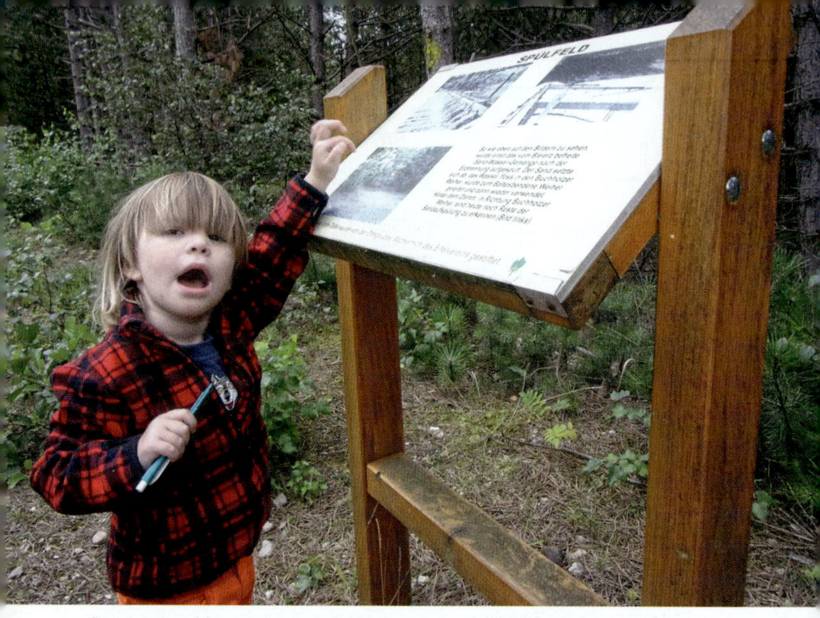

So, jetzt erkläre ich euch 'mal, was ein Spülfeld ist

Der Rundweg führt rechts auf dem asphaltierten Weg bergab, Sie folgen ihm durch zwei Linkskurven. Unter einer Stromleitung erreichen Sie eine Betriebsstraße oberhalb des ehemaligen Erzreviers Virginia, in dem sich heute eine Mülldeponie befindet. Hier wandern Sie nach rechts bis zur Infotafel zur Vorbrecher-Anlage, an der Sie dem nach rechts führenden Grasweg parallel zur Stromleitung folgen, wenn Sie sich ganz genau an den Rundweg halten wollen. In einem weiten Bogen erreichen Sie den Malakowturm, ein ehemaliges Schachtgebäude aus dem 19. Jh., an dem Sie erkennen, dass Sie auch einfach auf dem Teerweg hätten weitergehen können, als Sie rechts auf den Grasweg abbogen.

Auf dem Teerweg bleiben Sie bis zum Bundeswehr-Materialdepot, dort folgen Sie der Zufahrt nach rechts zur Bleibergstraße. Diese bringt Sie nach links zurück zum Startpunkt.

⌘ Bergbau-Museum Mechernich, Bleibergstraße 6, 53894 Mechernich, www.bergbaumuseum-mechernich.de, Di bis Sa 14:00 bis 16:00, So 11:00 bis 16:00

15 Höhen und Höhlen

Tour für Höhlenmenschen und deren Nachfahren

Auf dem Weg nach Weyer tanken Sie bei dieser Wanderung zunächst etwas Sonne, bevor Sie von der Höhe des Kakusfelsens in die gleichbleibende Kühle der Kakushöhlen eintauchen können. Hier lebten schon vor Tausenden von Jahren Menschen, noch heute sind Besucher fasziniert von dem kleinen Höhlensystem.

- Start/Ziel: Café Kakushöhle, GPS N 50°32,665' E 006°39,564'
- 3,4 km
- etwa 1 Std.
- 128 m/128 m
- 354-442 m
- keine Markierung
- Café Kakushöhle (km 0/km 3,4)
- ein Rastplatz (km 0/km 3,4), unterwegs einige Sitzbänke
- WC öffentliche Toilette am Startpunkt
- GCX9K6 Kakushöhlen, Tradi; GC2673W Kakushöhle, Earth Cache
- Unterwegs können Höhlen erforscht werden.
- Wegen Treppen und Stufen ist der Weg für Buggys leider nicht geeignet. ☺ Vom Parkplatz aus ist die eigentliche Kakushöhle barrierefrei (aber mit 12 % Gefälle) zu erreichen und kann zum Teil auch im Buggy oder Rollstuhl sitzend von innen erkundet werden.
- Hunde können meist frei laufen, sollten nur in Weyer und in den Höhlen angeleint werden. Wasser gibt es nur am Startpunkt und am Friedhof in Weyer.
- Bushaltestelle Mechernich Eiserfey Dreimühlen, Bus 830 vom Bf Nettersheim
- P Parkmöglichkeit auf dem Wanderparkplatz Kakushöhle, Navi: Kakusstraße, Mechernich
- ☺ Mit einer Taschenlampe oder Stirnleuchte lassen sich auch die hintersten Winkel der Höhle erkunden.

Am Café Kakushöhle steigen Sie zwischen zwei Sitzbänken eine Treppe hinauf. Oben wenden Sie sich an einer T-Kreuzung nach links und nehmen an den beiden Gabelungen nach 10 bzw. 20 m jeweils den linken Pfad. Er führt durch Niederwald zu einer Wiese mit Blick auf den Kirchturm von Weyer.

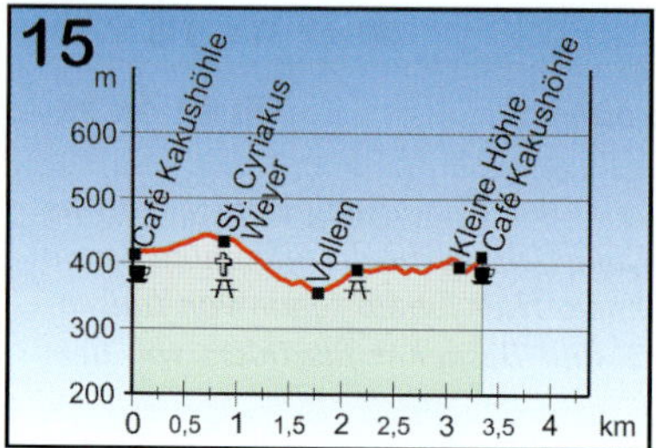

Dort biegen Sie rechts ab und laufen links unter einer Stromleitung hindurch zu einem Feldweg, diesem folgen Sie nach rechts am Waldrand entlang. Nach 40 m nehmen Sie den nach links führenden Grasweg zwischen den Feldern hindurch. An der Kreuzung gehen Sie geradeaus und passieren ein Steinkreuz mit ⛼ Sitzbank.

Ein Wirtschaftsweg bringt Sie geradeaus an einem Lärchenwäldchen zur Pfarrkirche St. Cyriacus. Erstmals urkundlich erwähnt wurde im Jahr 1187 eine romanische Basilika. Sie wurde um 1500 zu einer dreischiffigen spätgotischen Kirche umgebaut.

Auch in Kirchennähe sind ⛼ Sitzbänke zu finden. Dahinter biegen Sie rechts ab und folgen der geteerten Anliegerstraße bergab. Dabei passieren Sie ein Kruzifix mit ⛼ Sitzbank. An der ersten Gabelung bleiben Sie noch geradeaus auf dem Fahrweg, an der zweiten Gabelung gehen Sie auf dem nach rechts führenden Hangweg weiter. Sie unterqueren eine Stromleitung und wandern hinab nach Vollem. Im Herbst können Sie auf dieser Strecke reichlich Haselnüsse am Wegesrand entdecken.

Landwirtschaft in Weyer

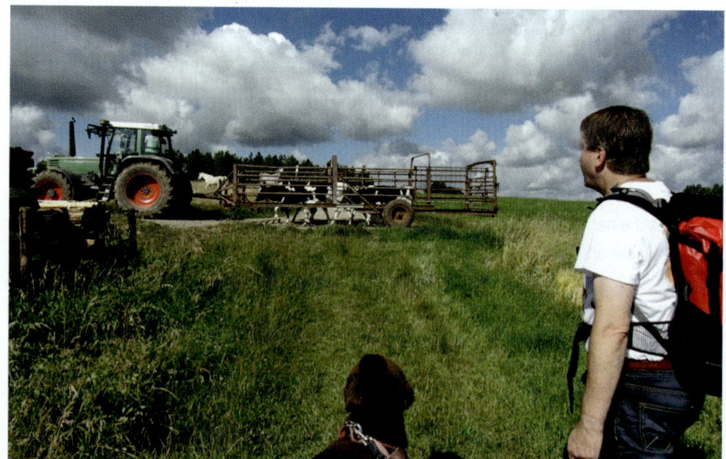

Noch vor den ersten Häusern des Ortes wandern Sie an der Gabelung nach rechts und bergauf immer am Waldrand entlang. Sie passieren eine Sitzbank und halten sich im Wald an den breiteren Weg geradeaus, er führt nach 50 m wieder aus dem Wald heraus und am Waldrand weiter bis zu einer Wegkreuzung. Hier nehmen Sie den Weg nach rechts, auf ihm geht es bergauf. An der Kreuzung mit der Sitzbank biegen Sie rechts ab. Am Ende des betonierten Stücks wandern Sie an der Gabelung nach links am Feldrand entlang. Am nächsten Abzweig gehen Sie weiter geradeaus bis zu einem Pfahl mit Wegmarkierungen. (☺ Gingen Sie an dieser Stelle geradeaus, würden Sie den Hinweg erreichen und links den Pfad und die Treppe zurück zum Startpunkt nehmen.)

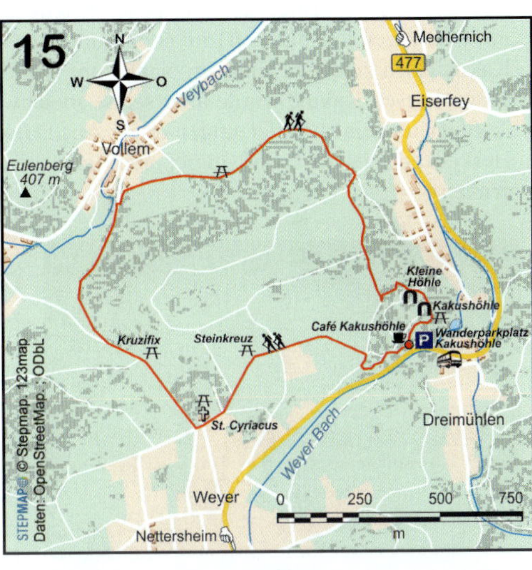

An dem Pfahl biegen Sie links ab und laufen auf einem Pfad mit vielen Steinen und Wurzeln bergab bis zu einer Bank und einer Treppe. Dort gehen Sie geradeaus weiter und laufen damit oberhalb des Wanderparkplatzes auf dem Kakusfelsen entlang. Sie passieren eine weitere Sitzbank und eine Infotafel. Die steile Abbruchkante ist zum Glück gut gesichert, sodass Sie den Blick hinüber zum Örtchen Dreimühlen entspannt genießen können.

Der Riese Kakus

Die Eifeler sind sehr kreativ, wenn es um Sagen geht. Um den Felsen und seine Höhlen interessanter zu machen, verlegten sie kurzerhand die Sage über Kakus und Herkules von Rom in die Eifel: Ovid und andere römische Autoren berichten davon, dass Cacus, der Sohn des Vulcanus, ein Riese, Räuber und Mörder war, er lebte in einer Höhle. Als Hercules in der Nähe der Höhle mit seiner Rinderherde rastete, stahl Cacus ihm einige Rinder und verschanzte sich in seiner Höhle. Hercules tötete daraufhin Cacus in einem langen und grausamen Kampf. Die Eifeler Sage ist leicht abgewandelt: Herkules ist auch auf der Durchreise, aber kommt der einheimischen Bevölkerung zur Hilfe, indem er gegen Kakus kämpft. Beide werfen dabei mit mächtigen Felsblöcken, die noch immer auf dem Herkelstein und dem Kakusfelsen zu sehen sind. Im Nahkampf tötete Herkules schließlich den bösen Riesen Kakus, wurde aber selbst so schwer verletzt, dass er einige Tage später seinen Verletzungen erlag. Aus Dankbarkeit wurde er auf dem Herkelstein bestattet, der immer noch mit seinem Namen an den Retter erinnert.

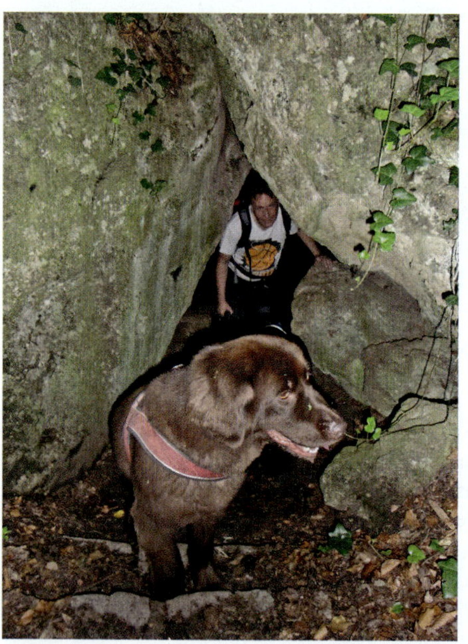

Bathida und Armin erkunden die Kleine Höhle

Sie erreichen eine Gabelung, an der Sie nach rechts sieben Stufen hinabsteigen. ↳ Nach rechts sind es nur wenige Schritte Umweg, wenn Sie sich die kleine Kakushöhle von innen ansehen wollen. Diese Höhle wird mitunter auch Kaltes Loch genannt. Danach gehen Sie von den sieben Stufen kommend geradeaus, von der Höhle kommend rechts durch ein Felsentor und zwischen weiteren Felsen eine Treppe hinab zu der größeren Öffnung der kleinen Höhle, die allerdings von hier aus nicht zugänglich ist.

Hinter diesem „Fenster" zur kleinen Höhle entdecken Sie zwei Öffnungen, die einen Zugang zur großen Kakushöhle bilden. Bitte beim Klettern durch den schmalen Durchlass den Kopf einziehen. ☺ Unsichere Wanderer können geradeaus weiter auf dem Felsenpfad bleiben, er führt außen um die Höhle herum und trifft unten am großen Ausgang wieder auf meine Route.

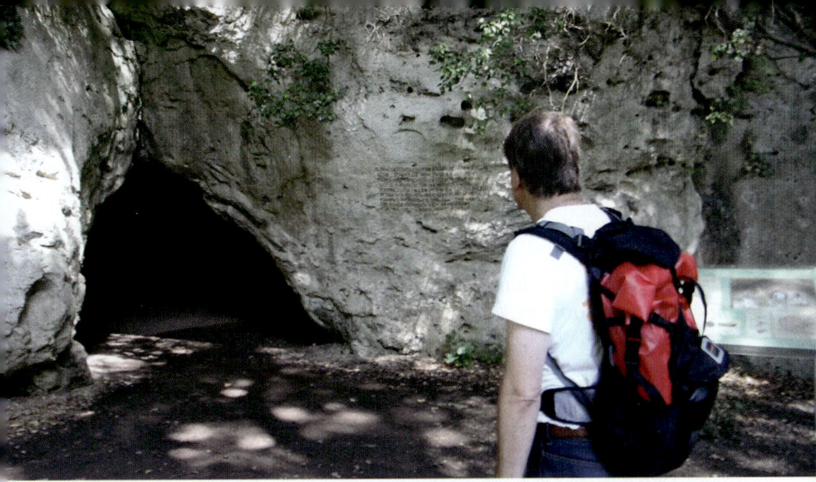

Am barrierefreien Eingang zur Großen Kirche

Die Kakushöhlen

Der auf ein Alter von etwa 300.000 Jahren geschätzte Kakusfelsen ist bis zu 18 m hoch und besteht aus Travertin und Tuffstein. Über die Jahrtausende hinweg wusch der Weyerer Bach das wasserlösliche Gestein aus und hinterließ drei Höhlen: die schon von Ihnen erforschte kleine Höhle und die große Kakushöhle mit der fast 15 m hohen Großen Kirche und der kleinen Nebenhöhle namens Dunkle Kammer. Die Schönheit der Großen Kirche wird durch die Sicherungsstützen aus dem Jahr 1977 etwas getrübt. Dennoch kann man sich gut vorstellen, wie hier schon die Neandertaler und die ersten Rentierjäger (Homo sapiens) vor 12.000 Jahren Schutz gesucht haben. Dies ist durch vielfältige Funde belegt, ebenso die weitere Nutzung in der Eisenzeit, in der Römerzeit und im Mittelalter. 1944/45 wurde der Höhlenboden eingeebnet, um Material, Akten und Menschen vor den Luftangriffen der Alliierten zu schützen.

Nach ausführlicher Erkundung dieser Höhle trifft man sich am großen Höhleneingang, neben dem weitere Informationen zur Kakushöhle zu finden sind. Auf dem breiten Weg geht es zurück zum ☕ Café und zum **P** Wanderparkplatz.

☕ Café Kakushöhle, Kakusstraße, 53894 Mechernich-Dreimühlen, ☏ 024 43/31 08 12, 💻 www.cafe-kakushoehle.de, 🚪 Apr bis Okt Di bis Fr 11:00 bis 19:00, Sa, So, Fei 11:00 bis 20:00, Nov bis März Mi bis So 11:00 bis 18:00. Kleine Gerichte, hausgemachte Suppen, Kuchen

16 Hellenthal: Wildfreigehege und Olefstausee

Tour für Tierfreunde

Rund um Hellenthal führt diese Tour. Dabei entdecken Sie ein vergängliches Kunstwerk an der Oleftalsperre und laufen auf kaum frequentierten Wegen hinauf zur Greifvogelstation und zum Wildfreigehege. Dort können kuschelige Tiere gestreichelt, wilde Tiere beobachtet und akrobatische Flugvorführungen bestaunt werden.

Start/Ziel: P Parkplatz des Wildfreigeheges Hellenthal, GPS N 50°30,238' E 006°25,791'
7,1 km
etwa 2 Std.
241 m/241 m
407-563 m
Rur-Olef-Route, A2, A10, A11, Matthiasweg, Ortsrundgang Hellenthal, Rhein-Rureifel-Weg
ein Restaurant und zwei Imbisse im Wildpark (km 0/km 7,1), Café Dressel (km 1,9)
mehrere Sitzbänke am Wegesrand
GC1Y9G0 Mit den Adlern fliegen..., Tradi im Wildgehege; ferner drei Multis und ein Mystery in Wegnähe
Am Ziel wartet eine Erkundung des Wildfreigeheges auf tierliebende Kinder.
Einige Steilstücke machen das Schieben anstrengend.
Hunde sollten in Hellenthal angeleint werden. Wasser gibt es unterwegs im Olefbach. Das Wildgehege dürfen angeleinte Hunde betreten, nicht aber die Flugschau ansehen.
Busbahnhof Hellenthal, Bus 829 von Bf Kall
So und Fei können Sie mit Flitsch, dem historischen Schienenbus der Olefbahn, vom Bf Kall nach Hellenthal anreisen.
P Parkmöglichkeit am Wildfreigehege

Vom P Parkplatz des Wildfreigeheges gehen Sie zunächst zum Eingang des Geheges. Hier verläuft auch die Rur-Olef-Route, deren Markierungen Sie zunächst folgen können. Sie lassen also das Restaurant und das Gehege rechts liegen und gehen auf dem Teerweg durch zwei Linkskurven.

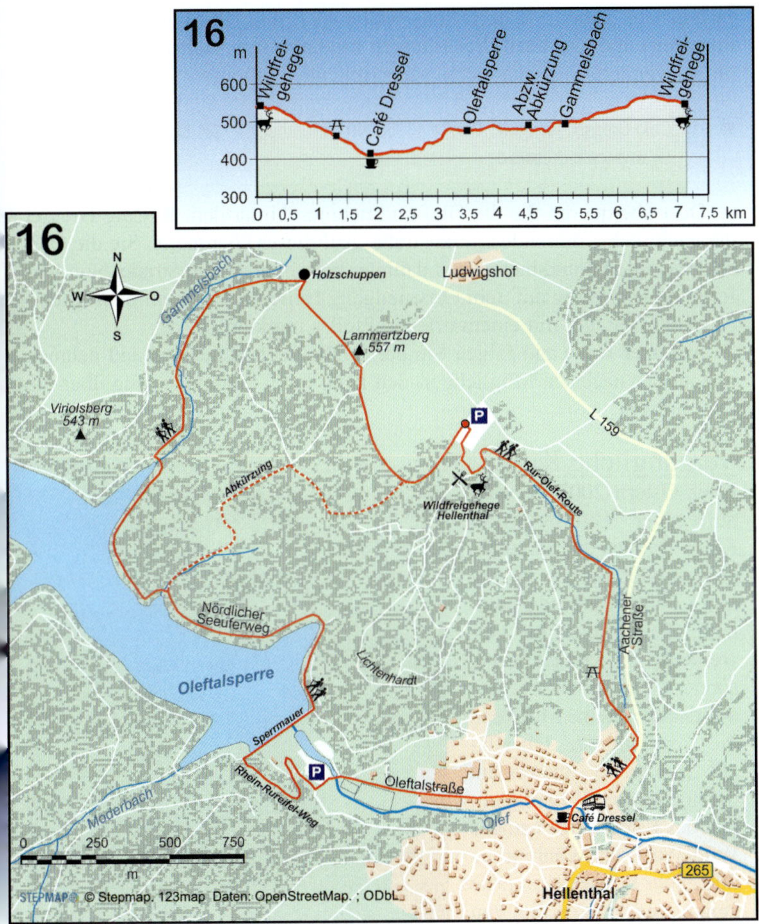

Nach einer Rechtskurve folgen Sie dem Forstweg nach rechts. Er führt Richtung Hellenthal und ist auch als örtlicher Wanderweg A2, Rur-Olef-Route und Matthiasweg markiert. Sie wandern zunächst durch den Wald, dann an einigen Pferdekoppeln und Weiden entlang. An einer Gabelung mit ⩩ Sitzbank laufen Sie rechts weiter bergab. An der nächsten Gabelung mit

Sitzbank gehen Sie nach links weiter (A2, A11, Rur-Olef-Route, Matthiasweg) und zwischen drei Häusern hindurch zur Aachener Straße. Auf dieser wandern Sie nach rechts nach Hellenthal hinein.

Café Dressel, Aachener Straße 13, 53940 Hellenthal, ☎ 024 82/27 79, www.cafe-dressel.de

Dort überqueren Sie die Olef und nehmen hinter dem Café Dressel die nach rechts führende Oleftalstraße. Auf dieser überqueren Sie die Olef ein zweites Mal und halten sich dahinter halb links an die Straße. Nun laufen Sie gleichzeitig auf dem Ortsrundgang Hellenthal und auf dem Rhein-Rureifel-Weg, der mit einem offenen Pfeil > markiert ist.

An einer Felswand folgen Sie der Straße noch geradeaus und nehmen erst an der nächsten Möglichkeit den nach links führenden Weg über die Olef hinweg.

Vergängliche Kunst

Über Ostern 2007 verwandelte der Eifel-Künstler Klaus Dauven die Staumauer der Oleftalsperre in die mit 8.000 m² größte Zeichnung der Welt. Dabei verwendete er keine Farbe, sondern Hochdruckreiniger, mit denen er seine Motive in die verschmutzte Oberfläche „zeichnete“. Interessant daran ist die Vergänglichkeit des Kunstwerks namens Wild-Wechsel. Während es 2007 sehr scharfe Kontraste zeigte, verblasst es nun von Jahr zu Jahr. Bald wird es wieder von Flechten und Schmutz verd(r)eckt sein und nur noch auf alten Fotos und in Erinnerungen bestehen.

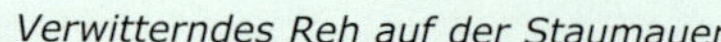

Verwitterndes Reh auf der Staumauer

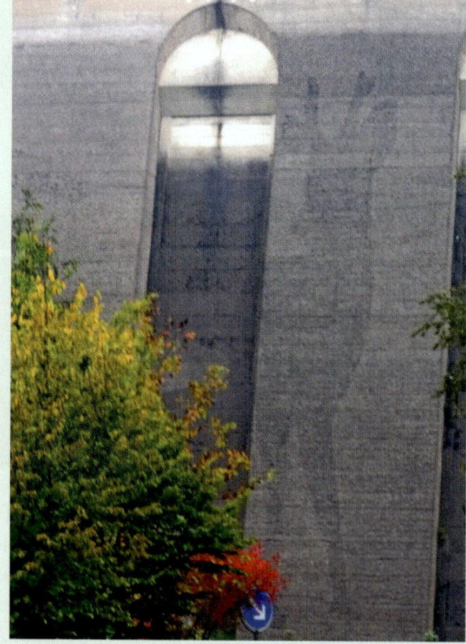

Zwischen der Staumauer und dem Betriebsgelände, also auch zwischen den beiden P Parkplätzen hindurch, laufen Sie nun auf dem Weg A10 und dem Rhein-Rureifel-Weg in Serpentinen bergauf zur Staumauer. Hinter einem geschlossenen Restaurant gehen Sie geradeaus auf dem Waldweg weiter.

Wenn die Höhe erreicht ist, verrät Ihnen ein Schild, dass Sie die Runde deutlich verlängern können, indem Sie geradeaus dem 13,5 km langen Seeuferweg folgen. Mein Tourvorschlag führt aber rechts über die Sperrmauer, dahinter vor der Felswand auf dem Seeuferweg nach links. Wo dieser einen Linksbogen macht, kann der nach rechts führende Weg als Abkürzung zurück zum Startpunkt genutzt werden. Das ist aber wegen der starken Steigung und des unebenen Untergrunds ein sehr anstrengendes Unterfangen.

Bequemer ist es, noch weiter geradeaus dem Uferweg zu folgen, den auffälligen Felsen zu umrunden, ein kleines Bachtal zu überqueren und erst unmittelbar dahinter rechts auf einem sanft ansteigenden Weg weiterzuwandern. An der Gabelung am Waldrand erreichen Sie wieder die Rur-Olef-Route und den Matthiasweg und folgen den entsprechenden Markierungen geradeaus Richtung Wildgehege. Rechts des Weges lockt ein Heidelbeerfeld die Schleckermäulchen unter Ihnen. An einem Holzschuppen gehen Sie rechts (A2, Matthiasweg, Rur-Olef-Route) leicht bergauf auf einem befestigten Weg zwischen Wiesen hindurch zum nächsten Waldstück.

Dort ist auch der höchste Punkt des Lammertzberges (⇧ 557 m) erreicht. Hinter dem Wäldchen wandern Sie geradeaus am Waldrand weiter. Hier kann man schon einen der Parkplätze des Wildgeheges sehen. An der Gabelung gehen Sie links am Waldrand (A2, Matthiasweg, Rur-Olef-Route) weiter und kommen zum Zaun des Wildfreigeheges. Dort biegen Sie links ab und erreichen den Startpunkt.

Wer noch Zeit hat, wird sich im Freigehege an Hochlandrindern, Luchsen, Tarpanen, Wildschweinen, Marderhunden, Steinmardern, Rot-, Muffel-, Sika- und Damwild erfreuen. Besonders beliebt ist die tägliche Flugvorführung der Greifvögel, bei der Falken, Adler und Geier ihre Flugkünste zeigen und dicht über die Köpfe der Besucher hinwegfliegen. Kinder lieben den Streichelzoo, den Abenteuerspielplatz, das Indianerdorf und die Rundfahrten mit dem Adler-Express.

◆ Wildfreigehege Hellenthal, Wildfreigehege 1, 53940 Hellenthal, www.greifvogelstation-hellenthal.de, 9:00 bis 18:00, im Winter 10:00 bis 17:00

⑰ Der Steinfelder Milchweg

Tour für Wissbegierige

Auf schattigen Waldwegen und sonnigen Freiflächen führt dieser Lehrpfad durch drei kleine Dörfchen und abwechslungsreiche Landschaft mit schönen Aussichten. Zum Teil verläuft er auf dem Eifelsteig. Acht Informationstafeln lassen keine Frage über moderne Milchwirtschaft offen.

- Start/Ziel: Kloster Steinfeld, GPS N 50°30,145' E 006°33,843'
- 6,5 km
- gute 2 Std.
- 120 m/120 m
- 480-544 m
- Lotte, eine fröhliche Kuh
- Wirtshaus Zur Alten Abtei (km 0/km 6,5)
- Rastplatz (km 2,6) und Sitzbänke am Wegesrand
- GCJ62X Salvatorian, Multi am Ziel
- Großer Spielplatz am Weg. Nach dieser Runde denkt kein Kind mehr, dass Kühe lila sind und Milch im Supermarktregal in Tetrapaks entsteht.
- Einige Steilstücke bringen den Schieber des Buggys ins Schwitzen und Schnaufen.
- Hunde sollten in den drei Orten und an der K78 an die Leine genommen werden, Wasser gibt es im Kuttenbach zu Beginn und Ende der Runde.
- Steinfeld, Kloster, TaxiBusPlus 835 vom Bf Urft (Fahrt muss mindestens 30 Min. vorher unter 018 04/15 15 15 angemeldet werden.)
- Bahnhof Urft (2 km)
- Parkmöglichkeit am Kloster
- www.kuhlturlandschaft.de (mit h wie in Kuh!) und touristik@kall.de

Wahrscheinlich möchten Sie vor dem Start zur Wanderung erst einmal die Barockkirche im Kloster Steinfeld besichtigen.

Kloster Steinfeld. Das Kloster wurde Anfang des 10. Jh. gegründet. Die romanische Basilika aus dem Jahr 1142 beherbergt ein gotisches Chorgestühl. Aus dem Barock stammen die König-Orgel und die Altäre. Das Salvatorianerkloster lockt Jahr für Jahr zahlreiche Besucher in seine Schatzkammer, seine feierlichen Konzerte und seine Malakademie.

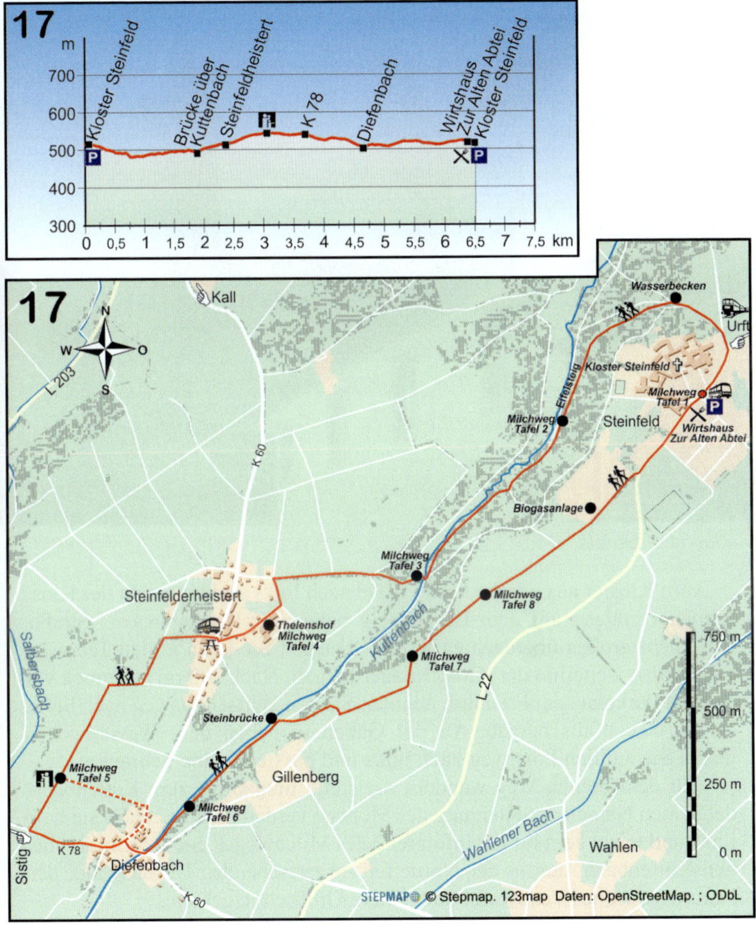

♦ Hermann-Josef-Straße 4, ☏ 024 41/88 90, 💻 www.kloster-steinfeld.de, ✉ info@kloster-steinfeld.de, Führungen So 14:00, heilige Messen Sa 18:00, So 8:00, 10:00, 11:30 und 18:00 in der Basilika, werktags 19:00 in der Klosterkapelle.

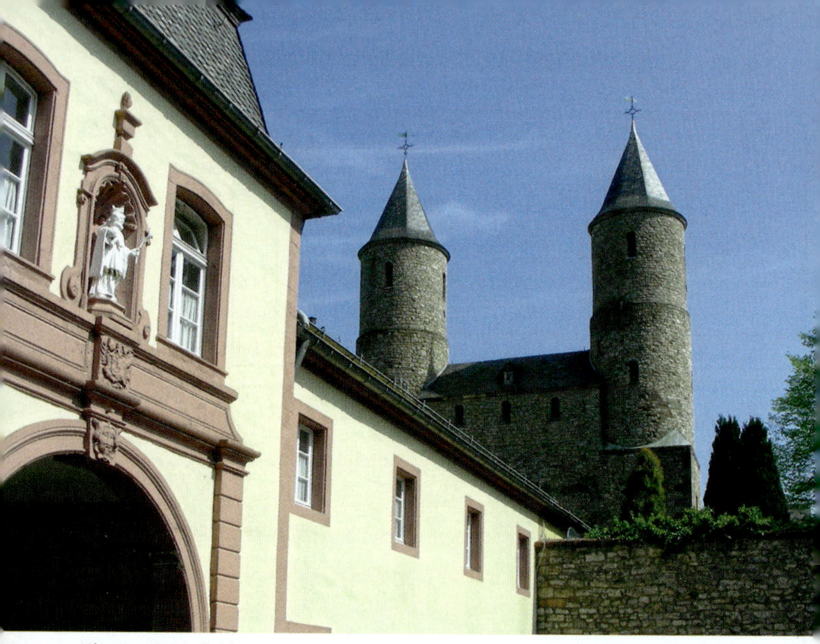

Kloster Steinfeld

Vom Kloster aus gesehen starten Sie nach links und laufen an der Klostermauer entlang auf dem Bürgersteig neben der Hermann-Josef-Straße. An einem großen überdachten Kruzifix biegen Sie links in den Teerweg, folgen also weiterhin der Klostermauer bergab. Nach 100 m, also noch vor dem **P** Parkplatz am Friedhof, nehmen Sie den Wirtschaftsweg nach links, er führt ebenfalls bergab. An der Gabelung neben dem Wasserbecken gehen Sie auf den Forstweg nach links und passieren eine Schranke.

Auf dem breiten Weg wandern Sie stetig bergab bis zum Kuttenbach, der seinen Namen der Kleidung der Mönche verdankt. Dort gehen Sie halb links und leicht bergauf zur Infotafel 2 des Milchweges. Sie informiert über den Kuttenbach, den in der Nordeifel vorherrschenden Buchenwald, den Naturpark Hohes Venn-Eifel und andere Großschutzgebiete.

Wandern Sie nun auf dem auch als Eifelsteig gekennzeichneten Weg geradeaus Richtung Gemünd und Steinfeldheistert. Hinter einer Schranke biegen Sie rechts ab und erreichen die Tafel 3. „Aus Gras wird Milch" lautet ihre Überschrift, sie erklärt leicht verständlich und kindgerecht die Kuh und ihre Körperfunktionen als Wunderwerk der Natur.

Hier an der Gabelung führt der Milchweg nach links bergauf. Das ist nichts für untrainierte Buggyschieber. Nun wandern Sie durch offene Weidelandschaft und geradeaus auf dem Wirtschaftsweg bis zum Ortseingang von Steinfeldheistert.

Sie sind nun eine ganze Weile nicht nur auf dem Milchweg, sondern auch auf dem Josef-Schramm-Weg, dem Eifelsteig und dem WW8 gelaufen. Diese verlassen Sie nun, indem Sie links abbiegen und an einem großen Spielplatz entlanglaufen. Sie passieren ein Kruzifix und gehen dahinter nach rechts zum Thelenshof, an dem die Tafel 4 mit Informationen zur Milchwirtschaft und Urlaub auf dem Bauernhof auf Sie wartet.

Nun wandern Sie den Holderweg hinauf und kommen an eine Kreuzung mit Kruzifix, Picknicktisch und Bushaltestelle (Richtung Kall). Hier überqueren Sie die Straße und laufen auf der Straße Zum Wäldchen leicht bergauf. An der Sitzbank mit der Madonna bleiben Sie noch auf Geradeauskurs und gehen am Rand eines Wäldchens entlang bis zur T-Kreuzung. Dort laufen Sie nach links an einer Baumreihe entlang und an der nächsten T-Kreuzung rechts zur Tafel 5. Vorsicht an dem lustigen Guckloch, das zu einem Fotostopp einlädt. Die Gucklochtafel steht sehr nah an einem Stacheldrahtzaun, hier können schnell Löcher in der Kleidung oder gar in der Haut entstehen.

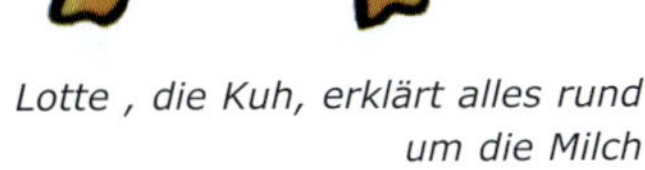

Lotte , die Kuh, erklärt alles rund um die Milch

Geradeaus haben Sie hier einen schönen Blick hinüber nach Sistig. Sie wandern aber nach links weiter zwischen Kuhweiden hindurch und gehen unter einer Stromleitung geradeaus.

☺ Wer die 500 m am Straßenrand der K78 zum Schutz seiner Kinder und/oder Hunde vermeiden will, kann abweichend vom markierten Milchweg schon an der Stromleitung links abbiegen und dem Grasweg hinab nach Diefenbach folgen. Dort nehmen Sie die Heisterter Straße und erreichen an der Kuttenbachbrücke wieder den Milchweg.

Sie erreichen nun die K78, die Sistig und Diefenbach miteinander verbindet. Diese Straße ist der Grund, warum ich keine vollen drei Punkte für Familienfreundlichkeit gebe, denn Sie müssen ihr für etwa 500 m nach links bergab am Straßenrand folgen und dabei auf mitwandernde Kinder und Hunde aufpassen.

Die K78 heißt im Ort Salberbach und führt hinab zu einer Kreuzung mit der K60, dort biegen Sie rechts ab und laufen auf der Wahlemer Straße an einer Bushaltestelle vorbei. Sie überqueren den Kuttenbach und biegen unmittelbar dahinter in einen Rad- und Wirtschaftsweg Richtung Krekel ab. Steinfeld ist laut Holzschild noch 2,3 km entfernt. Links des Weges plätschert der Kuttenbach und rechts erhebt sich kühler Nadelwald. Hier steht die Tafel 6 mit Fakten über den Vertragsnaturschutz.

Dahinter wandern Sie wieder durch offenes Weideland zu einer T-Kreuzung an einer Steinbrücke. Hier gehen Sie nach rechts und nach 30 m an der Gabelung erneut rechts. Der Weg führt bergauf in ein Wäldchen. Hinter einer Rechtskurve biegen Sie an der T-Kreuzung links ab und laufen auf einem Teerweg leicht bergab und wieder bergauf. An der Gabelung nehmen Sie den linken Weg zur Tafel 7 (Milch/Milchprodukte).

Hallo!

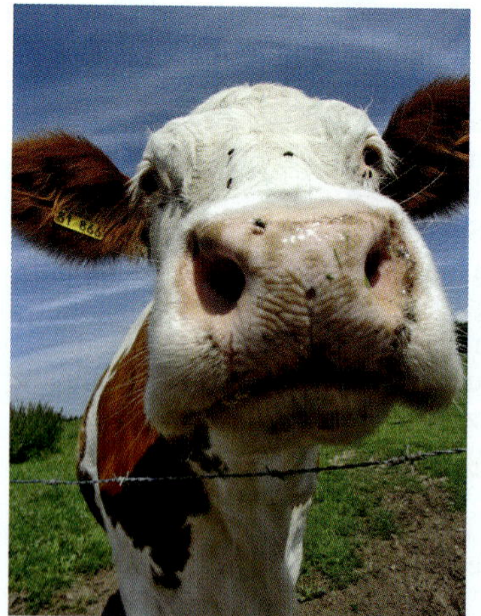

Fehlende Toleranz

Immer mehr Menschen leiden unter einer Milchzuckerunverträglichkeit, also einer Laktose-Intoleranz. Sie können den mit der Nahrung aufgenommenen Milchzucker (Laktose) nicht aufnehmen, weil sie das Verdauungsenzym Laktase gar nicht oder in zu geringer Menge produzieren. Die Folgen sind Bauchweh,

Übelkeit, Durchfall und andere unangenehme Beschwerden im Magen-Darm-Trakt. Drei Viertel der erwachsenen Weltbevölkerung hat eine Laktose-Intoleranz. Sie ist bei Europäern, Nordamerikanern und Australiern eher selten vertreten, liegt aber in manchen Regionen Südamerikas, Asiens und Afrikas bei nahezu 100 %.

Ignorieren Sie nun die Markierung des WW7 und laufen Sie auf der Höhe am Waldrand weiter geradeaus und durch offenes Weideland zur Tafel 8. Hier erfahren Sie einiges über die Landwirtschaft der Zukunft, z. B. die Biogasnutzung bei der Energiegewinnung. Kurz dahinter passieren Sie eine Biogasanlage und erreichen die L122, auf deren Gehweg Sie zurück nach Steinfeld laufen. Dabei passieren Sie einen Kriegsgräberfriedhof mit den letzten Ruhestätten von 633 Kriegstoten, darunter vielen 17-jährigen Soldaten und zwei Frauen. Kurz darauf sehen Sie das Ziel am Kloster Steinfeld.

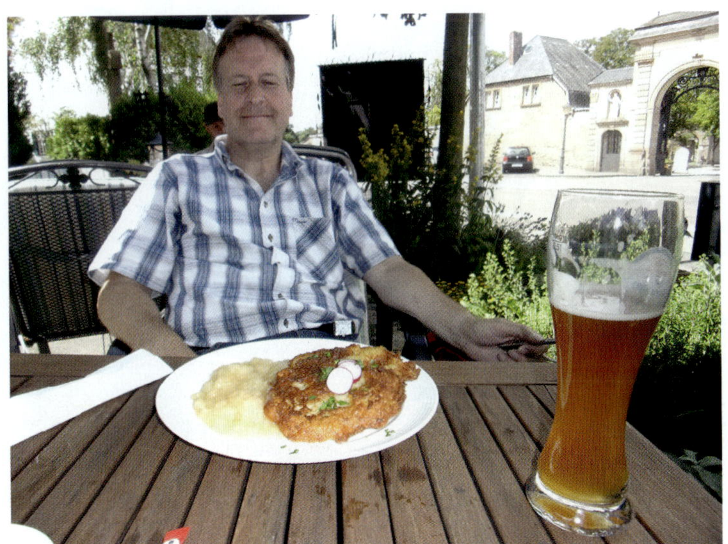

Stärkung im Wirtshaus

✕ Wirtshaus Zur Alten Abtei, Hermann-Josef-Straße 33, 53925 Kall-Steinfeld, ☎ 024 41/779 03 01, Mo Ruhetag

IV. An der Ahr

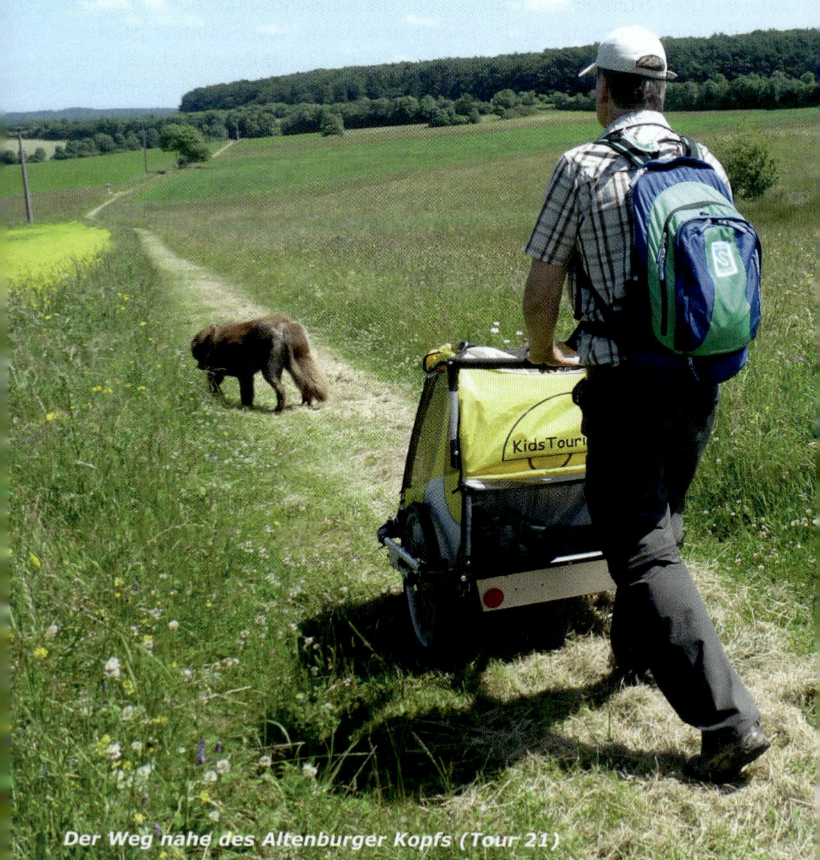

Der Weg nahe des Altenburger Kopfs (Tour 21)

18 Interstellar unterwegs bei Effelsberg

Tour für fantasievolle Sternengucker

Schon auf dem Weg vom Startpunkt zum Informationszentrum, der gleichzeitig der Planetenweg vom Neptun zur Sonne ist, können Sie gedanklich mit WARP-Antrieb in mehrfacher Überlichtgeschwindigkeit unterwegs sein. Noch schneller geht es dann hinter dem Radioteleskop auf dem Milchstraßenweg durch den Wald. In normaler Schrittgeschwindigkeit lassen Sie dann die Wanderung zurück hinauf nach Effelsberg gemütlich ausklingen.

Start/Ziel: P Wanderparkplatz Effelsberg, GPS N 50°31,090' E 006°52,537'
5,5 km
knapp 2 Std.
226 m/226 m
294-426 m
grünes Teleskop, rotes Teleskop, Wanderweg 2
Einkehrmöglichkeit im Imbiss unterhalb des Startpunktes
einige wenige Sitzbänke am Wegesrand, eine davon mit Dach (km 4)
GCRB3A Begegnung mit der Vergangenheit, kurzer Multi
Nachwuchs-Raumfahrer werden diese Runde sehr mögen, besonders, wenn sie sich zu Hause schon auf die Planeten und Galaxien vorbereitet haben.
Eingeschränkte Buggytauglichkeit: An mehreren Steilstücken bedarf es eines kräftigen „Motors" für den Buggy, eine Furt ist zu durchqueren.
Zu Beginn geht es über einen Teerweg mit sehr wenig Verkehr, danach schöne Waldwege und zwei Bachquerungen.
Bushaltestelle Effelsberg, Taxibus 828 (Anmeldung mind. 1 Std. vorher unter ☏ 01 80/615 15 15)
P Parkmöglichkeit am Startpunkt

Am Ende des P Parkplatzes laufen Sie auf einem als „Fußweg Radioteleskop" markierten Weg bergab, passieren einen Kiosk mit Einkehrmöglichkeit und laufen dahinter nach links auf dem Teerweg bergab. Er ist gleichzeitig einer der drei astronomischen Wanderwege, in deren Zentrum das Radioteleskop Effelsberg steht. Dieser mit einem grünen Teleskop markierte Weg nennt sich Planetenweg und führt vom Neptun am Uranus, Saturn und Jupiter vorbei zum Mars.

Dort biegen Sie hinter einer Wandertafel rechts ab, um auch Erde, Venus, Merkur und Sonne zu besuchen. Hier befinden sich das Informationszentrum des Radioteleskops und ein Aussichtspunkt.

Informationszentrum und Besucherpavillon, www.mpifr-bonn.mpg.de. Von Apr bis Okt finden Di bis Sa um 10:00, 11:00, 13:00, 14:00, 15:00 und 16:00 Informationsvorträge für Gruppen ab 15 Personen statt, an die sich Einzelwanderer und Familien anschließen können.

Rechter Hand nehmen Sie den gepflasterten Weg durch die Serpentinen hinab zum Radioteleskop.

Das Radioteleskop Effelsberg

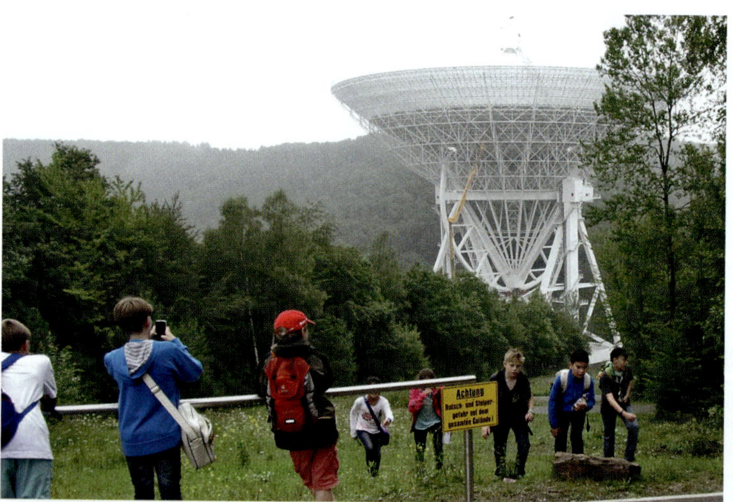

Ist da jemand?

Seit der Inbetriebnahme im Jahr 1972 werden mit dem Radioteleskop Effelsberg Schwarze Löcher, Sternentstehungsgebiete, Pulsare und viele andere astronomische Besonderheiten beobachtet. Mit der 100 m großen Antennenschüssel ist dieses Teleskop nicht nur eines der größten vollbeweglichen Radioteleskope der Erde, es wird zur Optimierung auch noch mit anderen Teleskopen vernetzt, sodass selbst schwächste Signale aus dem All noch qualitativ hochwertige Aufnahmen bringen. Wenn also irgendwann einmal extraterrestrisches Leben entdeckt wird, sind die Wissenschaftler in Effelsberg bestimmt an dieser Entdeckung beteiligt.

Hinter einem weiteren Aussichtspunkt folgen Sie dem Schotterweg nach rechts. Er ist gleichzeitig der Startpunkt des 4,5 km langen Milchstraßenweges. Hier am Radioteleskop ist quasi das Zentrum der Milchstraße. Den Markierungen mit den roten Teleskopen folgend laufen Sie einen Waldweg bergab und rechts außen um das abgesperrte Gelände des Teleskops herum. Der Weg ist nun weniger steil und führt zu einer Tafel mit Informationen über den Max-Planck-Weg.

Hier biegen Sie links ab und überqueren den Effelsberger Bach, er ist hier die Landesgrenze zwischen Nordrhein-Westfalen und Rheinland-Pfalz. Sie erreichen eine Infotafel zum Sternentwicklungsgebiet

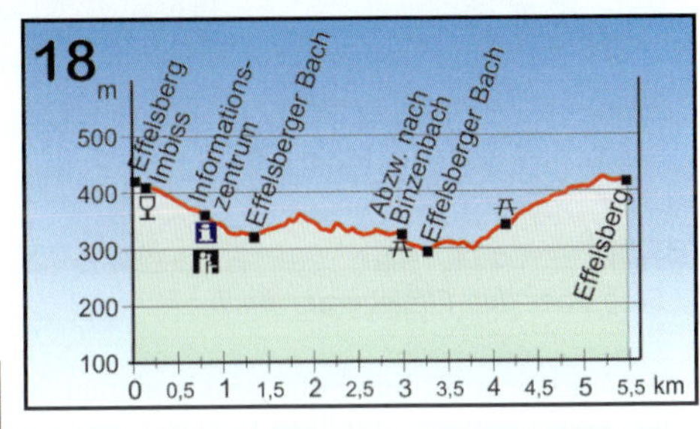

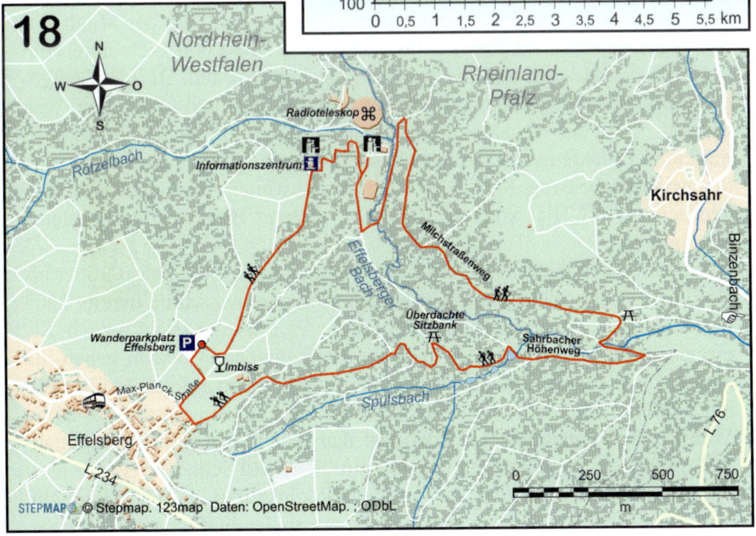

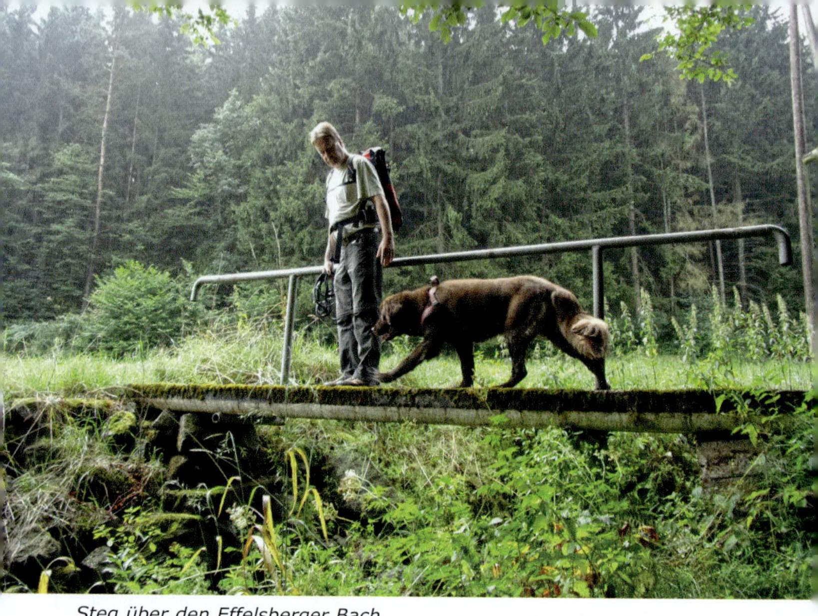

Steg über den Effelsberger Bach

W43. Es liegt für Ihre Füße gerade einmal 500 m vom Start des Milchstraßenweges entfernt, für Ihre Fantasie sind es schon 5.000 Lichtjahre vom Zentrum der Milchstraße. Sie wandern nun bergauf dem Bachlauf entgegen, passieren das Teleskop auf dessen anderer Seite und folgen dem Weg bergauf. ↳ An der Wegkreuzung geht nach links der mit blauen Teleskopen markierte Galaxienweg (2,7 km) ab. Mein Rundweg hält sich weiterhin an den Milchstraßenweg, Sie folgen daher rechts weiter den roten Markierungen bergauf. Hier können „untermotorisierte" Buggys erste Probleme bekommen.

Sie erreichen nach 1 km (= 10.000 Lichtjahre) SN604. Diese früher als Ophiuchus oder Schlangenträger bekannte Supernova wurde bereits 1604 von Keppler beobachtet. Dahinter führt der Weg wieder leicht bergab. Sie erreichen kurz hintereinander zwei Wegkreuzungen, an beiden gehen Sie geradeaus Richtung Binzenbach und kommen zu den Infotafeln über den mit bloßem Auge am klaren Nachthimmel erkennbaren Sternkugelhaufen M22 (15.000 Lichtjahre/1,5 km) und den Adlernebel (18.000 Lichtjahre/1,8 km), ein Sternentstehungsgebiet im Sternbild Schlange.

Im Wald beschreibt der Forstweg eine Rechtskurve. Wer zum Ende der Milchstraße bei Binzenbach laufen will, geht an der Sitzbank geradeaus.

Dieser Rundweg führt auf dem nach rechts führenden Forstweg weiter. Dieser sogenannte Holzemweg führt zum Effelsberger Bach hinab, er wird ziemlich schmal für breitere Buggys und birgt ein zweites Hindernis: Die Bachseite wechseln Sie durch eine Furt, mit einem beherzten Sprung über den Bach oder auf einer Brücke, die zu schmal für Buggys ist.

An der Kreuzung hinter der Stromleitung folgen Sie den Wegweisern für den örtlichen Wanderweg 2 (WW2) und den Sahrbacher Höhenweg. Dieser Weg führt scharf rechts am Waldrand entlang zu einer Gabelung. Dort nehmen Sie erneut den nach rechts führenden Sahrbacher Höhenweg. Hinter etwas versteckt liegenden Teichen, die vom Spülsbach durchflossen werden, und noch vor der offenen Grasfläche nehmen Sie den WW2 an einem Zaun entlang. Der Weg führt am zweiten Teich nach rechts in den Wald hinauf.

Keine Schutzhütte, aber eine überdachte Bank

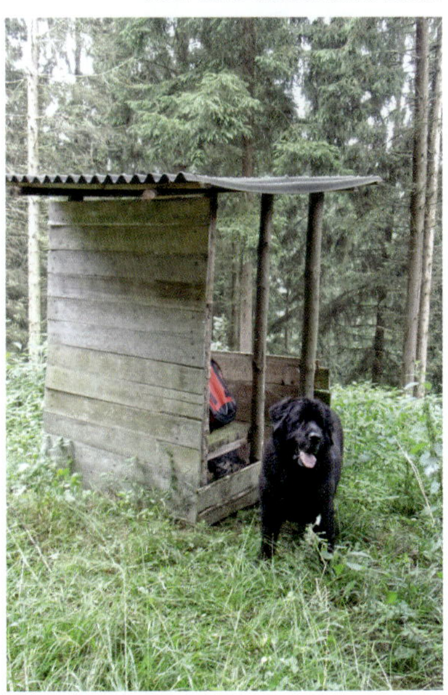

Über Gras und Wurzeln wandern Sie am Waldrand entlang, je nach Jahreszeit ist der Weg ziemlich überwuchert. Sie kommen zu einer überdachten Sitzbank. Dort folgen Sie dem Forstweg (WW2) nach links bergauf und genießen im Hochsommer die üppig wachsenden reifen Himbeeren. An der T-Kreuzung folgen Sie dem Forstweg nach rechts und halten sich an der Gabelung geradeaus an den breiteren Forstweg.

An der Kreuzung mit dem nächsten Jägersitz verlassen Sie geradeaus den Wald und laufen auf einem Wirtschaftsweg mit voll behängter Brombeerhecke zum Ortsrand von Effelsberg. Dort gehen Sie auf dem Grubenweg nach rechts und an der nächsten Möglichkeit erneut rechts zur Max-Planck-Straße, das ist die Zufahrtsstraße zum Radioteleskop und zum Wanderparkplatz Effelsberg. Zum Startpunkt kommen Sie nun, indem Sie links abbiegen.

19 Durch die Weinberge des Ahrtals

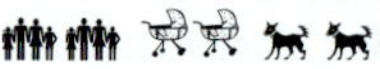

Tour für Genießer

Auf einem der bekanntesten Wanderwege Deutschlands sind Sie unterwegs, wenn Sie oberhalb von Dernau den Rotweinwanderweg erreichen. An Wochenenden und in der Weinlesezeit trifft man hier viele andere Wanderer. Der Weg ist aber das ganze Jahr über eine abwechslungsreiche Strecke durch die Weinberge mit vielen hinreißenden Fernblicken ins romantische Ahrtal. Besonders im Winter ist er zu empfehlen, denn er verläuft auf der Sonnenseite des Ahrtals meist auf gut befestigten Wegen.

→ Start: Bahnhof Dernau, GPS N 50°31,774' E 007°02,474';
Ziel: Bahnhof Ahrweiler-Markt, GPS N 50° 32,640' E 007° 05,619'

11,1 km

knapp 4 Std.

↑↓ 513 m/518 m

118-239 m

Traube, Rotweinwanderweg, örtlicher Wanderweg 5

Weingut Marienthal (km 4,7), Försters Weinterrassen (km 7,2), Altenwegshof (km 7,5)

zahlreiche Rastplätze und Sitzbänke am Weg, Schutzhütten bei km 1,9, km 3, km 6,5 und km 8,3

Tradis: GC2BACQ Fischley, GC203A4 Der Bunker-Cache, GC24ZG8 Lost Place „Alter Park"; Multi am Ziel: GC56XAR Lotta, die Weinbergschnecke

Mehrere Spielplätze und Geocaches lockern die Wanderung auf.

Der Weg ist gut mit einem Buggy zu laufen, wenn die Muskelkraft für den steilen Aufstieg in Dernau ausreicht. Die einzigen Stufen (am Bahnhof Ahrweiler-Markt) sind flach.

Von Herbst bis Frühjahr gut für Hunde geeignet, im Sommer wird es in den Weinbergen zu heiß unter den Pfoten. Bitte Wasser mitnehmen. Gefährliche Stelle hinter Marienthal, wo der Weg sehr nah an die B267 heranführt.

Bahnhof Dernau und Bahnhof Ahrweiler-Markt, die Ahrtalbahn verkehrt stündlich in beide Richtungen.

P Parkmöglichkeit am Bahnhof Dernau (gebührenpflichtig)

☺ Die Tour kann am Fischley durch Abstieg nach Walporzheim abgebrochen und an der Bunten Kuh um 1,4 km abgekürzt werden.

Während der Weinlese kann der Weg abschnittweise gesperrt sein.

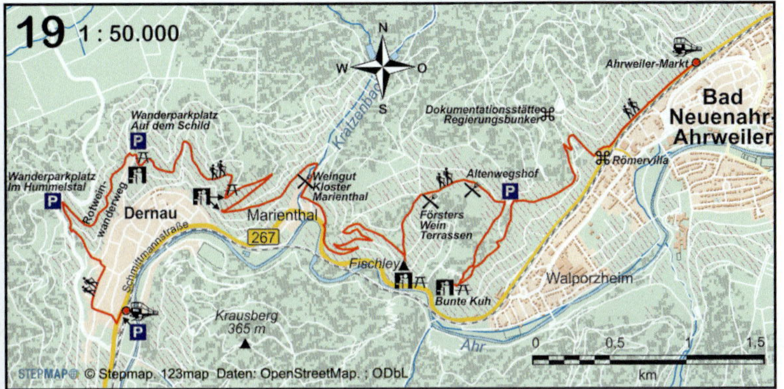

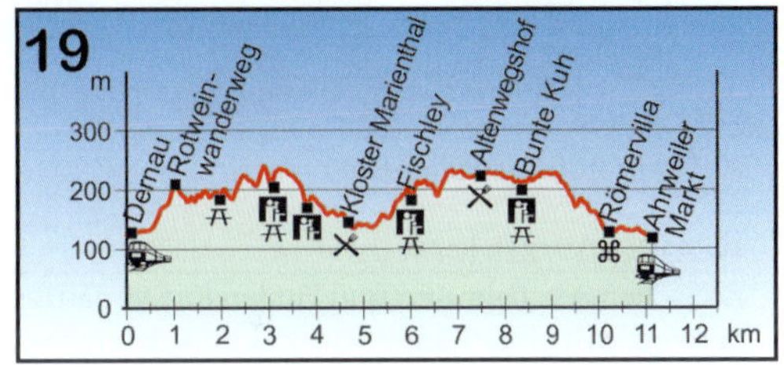

Nach dem Start am Bahnhof Dernau überqueren Sie die Schmittmannstraße (B267) und gehen ein paar Schritte nach links, bis Sie schräg gegenüber vom Bahnhof rechts in die Bonner Straße einbiegen können. Sie können sich nun in ganz Dernau an das Traubensymbol halten. An der folgenden Gabelung halten Sie sich halb links weiter an die Bonner Straße. An der Linde mit der Sitzbank und dem Kinderspielplatz gehen Sie geradeaus, bleiben also weiterhin auf der Bonner Straße, die hinter dem Spielplatz einen Rechtsbogen schlägt.

Sie ignorieren die nach links führende Bergstraße und gehen auf der Bonner Straße bis zu einer T-Kreuzung. Hier biegen Sie links in die Burgstraße ab und laufen bergauf bis zu einer Madonna. Dort wandern Sie nach links Richtung Weinberg.

Am Beginn der Stromleitung laufen Sie geradeaus weiter, folgen also den Schildern Richtung Ahrweiler und Bodendorf. Steil führt der Weg den Berg hinauf, in einer Haarnadelkurve gehen Sie geradeaus weiter.

Etwa 1,2 km nach dem Start erreichen Sie den P Wanderparkplatz Im Hummelstal, wo Sie auch den Rotweinwanderweg erreichen.

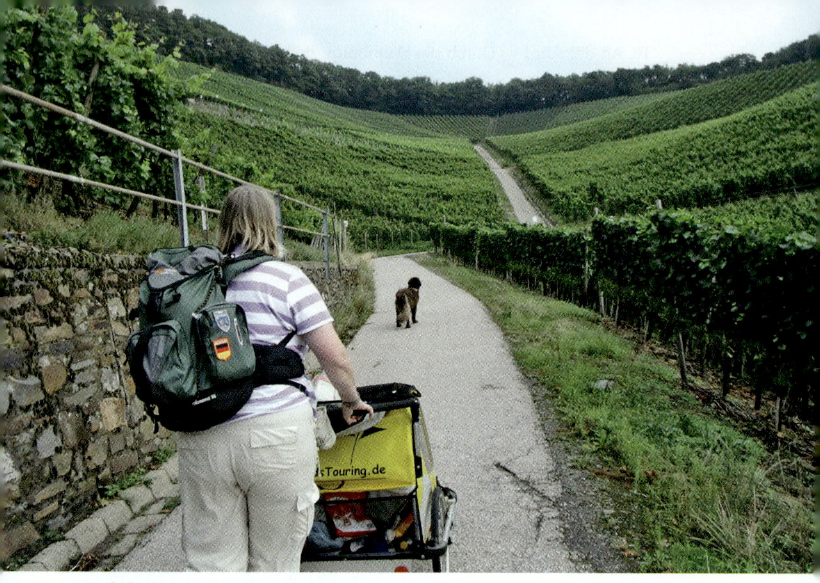

Auf dem Rotweinwanderweg

Rotweinwanderweg

Zwischen Altenahr und Bad Bodendorf verläuft seit 1972 der Rotweinwanderweg. Mit einer Länge von 35 km ist er entweder als entspannte Wochenendwanderung oder als stramme Tagestour zu bewältigen. Die Wanderer auf dem Rotweinwanderweg und andere Ausflügler werden als Ahr-Schwärmer bezeichnet. Bitte beachten Sie die richtige Aussprache, es kann sonst zu ungewollter Komik führen, wenn Sie diesen Begriff benutzen.

Nun ist die schlimmste Steigung der Wanderung geschafft. Folgen Sie dem Rotweinwanderweg scharf rechts. Auf einem Teerweg wandern Sie durch die Weinberge bis zu einer Kreuzung, an der es links zum **P** Wanderparkplatz Auf dem Schild geht. Hier gehen Sie rechts und nach 20 m auf dem Weg 5 weiter. Sie passieren eine Hütte mit der Wegnummerierung 5 und haben nach rechts eine schöne Aussicht zurück nach Dernau.

An der Wegkreuzung gehen Sie geradeaus (Eigelstal) und bergauf zu einer Hütte. Dahinter folgen Sie weiterhin dem Weg 5, gehen also in der Spitzkehre scharf rechts und bergab. Sie passieren eine Schutzhütte und ein Heiligenbildchen, bevor Sie die Heinrich-Nietgen-Ruh mit einem perfekten Blick hinüber zum Krausberg (⇧ 365 m) und zurück nach Dernau erreichen.

Hier folgen Sie dem Rotweinwanderweg nach links bis zu einer Gabelung, an der Sie den rechten Weg wählen und eine Hütte passieren. Nun wandern Sie bergab zu einer Spitzkehre mit Sitzbank, wo Sie halb links auf dem Schotterweg den oberen Zugang zum Weingut Kloster Marienthal passieren. Im Tal angekommen haben Hunde die Gelegenheit, im Kratzbach ihren Durst zu stillen und die Pfoten zu kühlen. Dort gehen Sie scharf rechts auf der Klosterstraße am Haupteingang des Weinguts vorbei.

Kloster Marienthal. Schon 1137 wurde in diesem Seitental der Ahr ein Augustinerinnen-Kloster gegründet. Etwa 40 Schwestern betrieben hier Werkstätten, eine Bäckerei, eine Brennerei und ein Gästehaus. Nach Zerstörungen und Plünderungen im Dreißigjährigen Krieg wurde das Kloster im 18. Jh. wieder aufgebaut, aber während der französischen Besatzung 1801 aufgehoben und als Steinbruch verwendet. Daher ist nur noch eine Ruine der Klosterkirche erhalten. Zusammen mit neu errichteten Gebäuden bildet sie seit 1925 die Weinbaudomäne Marienthal.

Eine furchtlose Blindschleiche

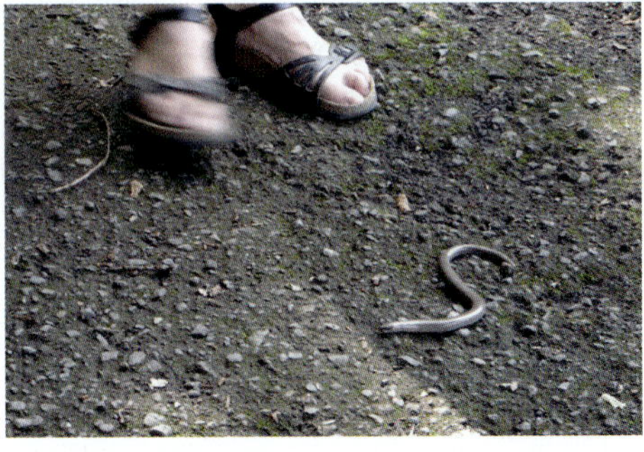

Hinter einem Ferienhaus biegen Sie links ab und wandern auf einem Schotterweg wieder durch die Weinberge. Einen kleinen Spielplatz lassen Sie rechts liegen und gehen vom Ortsausgang von Marienthal bis kurz vor die B267 (Vorsicht!), erst dort führt der Weg nach links bergauf in die Weinberge. An einer Spitzkehre laufen Sie nach links und weiter bergauf zu einer Schutzhütte mit Blick zum Krausbergturm. Hier gehen Sie rechts bergauf und folgen nach 50 m an einer Gabelung erneut rechts einem Weg bis zu einer Kreuzung. Hier ist ein Abstecher von 60 m zum Felsen Fischley mit Aussichtspunkt, Hütte und Geocache möglich.

Zurück von der Fischley wandern Sie an der Kreuzung rechts Richtung Walporzheim/Ahrweiler/Bunte Kuh und bis zu einer T-Kreuzung (Teufenbach). Der Weg führt nun nach links weiter, wer vorzeitig abbrechen will, kann rechts nach Walporzheim absteigen (nicht buggytauglich).

✗ Försters Weinterrassen, Im Teufenbach 65, 53474 Bad Neuenahr-Ahrweiler, www.foersterhof.de, tägl. ab 10:00, So ab 9:00, im Winter Mo bis Do geschlossen. Bizarre Architektur, schöner Ausblick, gute Regionalküche, Kinderspielplatz.

Hinter dem P Parkplatz von ✗ Försters Weinterrassen gehen Sie rechts durch den Weinberg.

✗ Altenwegshof, Im Teufenbach 100, 53474 Bad Neuenahr-Ahrweiler, www.altenwegshof.de, Mi bis So ab 10:30

Sie passieren den ✗ Altenwegshof und folgen an dessen P Parkplatz dem Wegweiser nach rechts Richtung Aussichtsturm. (Eilige Wanderer gehen hier geradeaus weiter und kürzen um 1,4 km ab, verpassen aber den Aussichtspunkt Bunte Kuh.) An der Gabelung bleiben Sie rechts auf dem Teerweg und wandern in ein kleines Wäldchen hinein. An der nächsten Weggabelung gehen Sie erneut rechts Richtung Aussichtspunkt und erreichen die Bunte Kuh mit dem angekündigten Aussichtspunkt, einer Feuerstelle und einer großen Rasthütte. Nach der wohlverdienten Pause auf der Bunten Kuh wandern Sie scharf links zwischen Wald und Reben weiter. Eine größere Brombeerkolonie könnte in der richtigen Jahreszeit zu einer Verzögerung der Wanderung führen.

Der Schotterweg führt steil bergauf zu einem Picknicktisch mit Infotafel und gutem Ahrtalblick. Dahinter laufen Sie geradeaus steil bergab und halten sich an der kommenden Gabelung rechts. Sie erreichen einen großen Platz und stellen schnell fest, dass es sich um den P Parkplatz am Altenwegshof handelt.

Sie biegen nun rechts ab, folgen dem Teerweg bergab und passieren das Hotel Hohenzollern. Etwas unterhalb des Hotels geht es an einer Spitzkehre geradeaus zum Regierungsbunker. Das ist ein Abstecher von etwa 150 m.

⌘ **Dokumentationsstätte Regierungsbunker**. Zum Glück musste der im Kalten Krieg für den Fall eines Atomschlages als Fluchtburg für die Bundesregierung gebaute Bunker nie benutzt werden.

♦ www.regbu.de, Apr bis Mitte Nov Mi, Sa, So 10:00 bis 18:00

Der Weg führt allerdings rechts am Straßenrand entlang zu einem P Wanderparkplatz, an dem Sie rechts bergab gehen.

⌘ **Römervilla**. Hier können die gut erhaltenen Reste eines römischen Gutshofs aus dem 2./3. Jh. besichtigt werden. Er hatte sogar schon eine Badeanlage und Fußbodenheizung.

♦ www.museum-roemervilla.de, Apr bis Mitte Nov tägl. 10:00 bis 17:00

Noch vor der Römervilla biegen Sie links in die Weinbergstraße ein, dabei können Sie sich an dem Wegweiser zum Rundgang 19 orientieren. Sie laufen nun parallel zur B267 und zur Bahnlinie bis zum Ziel am Bahnhof Ahrweiler-Markt. Hier muss der Buggy die flachen Stufen zum Bahnsteig hinuntergeschoben werden.

Ausblick nach Ahrweiler

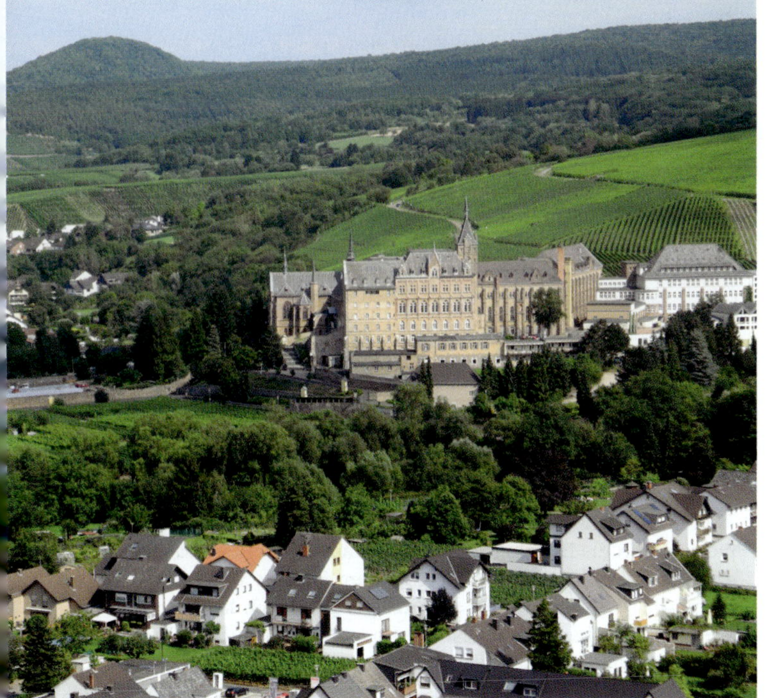

20 Kurz, aber knackig rund um den Krausberg

Tour für Ahr-Schwärmer

So nah am Rotweinwanderweg und doch so fern: Wenn der bekannte Wanderweg unter den Sohlen der zahlreichen Wanderer ächzt, ist auf dem Krausberg und auf der Landskrone immer noch vergleichsweise wenig los. Die kurze Rundwanderung ist jedoch nicht zu unterschätzen, denn die Fernblicke müssen erst einmal durch steile Aufstiege erarbeitet werden.

- Start/Ziel: Bahnhof Heimersheim, GPS N 50°32,853' E 007°10,526'
- 5,3 km
- knapp 2 Std.
- 290 m/290 m
- 85-239 m
- Rotweinwanderweg, örtliche Wanderwege 7 und A2
- Grazer Stuben (km 0/km 5,3)
- zahlreiche Rastbänke unterwegs, eine Schutzhütte auf der Landskrone (km 2,6)
- GC4FYP0 Der Basalt der Landskrone, Earth Cache
- Für Kinder gut zu laufen, eine Burgruine will erforscht werden.
- Nur für Buggys mit kräftigen Schiebern, denn gleich am Anfang geht es mit 25 % Steigung den Berg hinauf. Pfad mit sieben Stufen hinter der Kapelle.
- Im Herbst, Winter und Frühjahr eine schöne Hunderunde, im Sommer wegen der sich in den Weinbergen stauenden Hitze nicht zumutbar. Wasser für unterwegs bitte mitnehmen, im Naturschutzgebiet Leinenpflicht.
- Bahnhof Heimersheim, Ahrtalbahn
- Parkmöglichkeit am Startpunkt

Startpunkt dieser Rundwanderung ist der Bahnhof Heimersheim. Laufen Sie zum anderen Ende des Parkplatzes, queren Sie an der Parkplatzeinfahrt die B266 und wandern Sie auf einem Betonweg zwischen neu gebauten Wohnhäusern steil bergauf zum Fuß des Weinbergs. Dort folgen Sie an der T-Kreuzung mit Sitzbank dem nach halb rechts führenden Weg Richtung Landskrone. Nun befinden Sie sich auf dem bekannten Rotweinwanderweg.

Nach etwa 500 m halten Sie sich an der Kreuzung am Rettungspunkt 12 rechts, bleiben also auf dem Rotweinwanderweg Richtung Lohrsdorf und

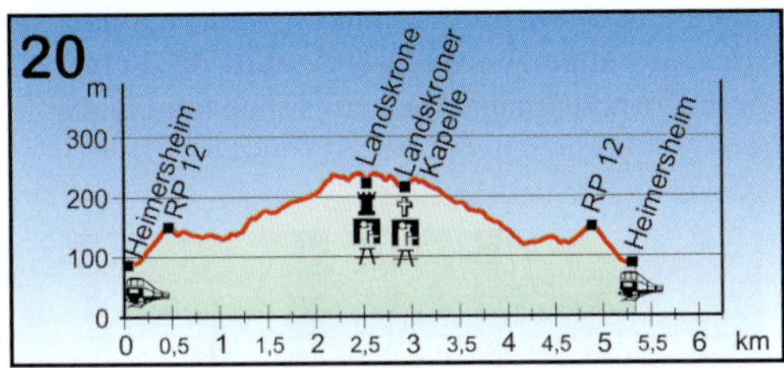

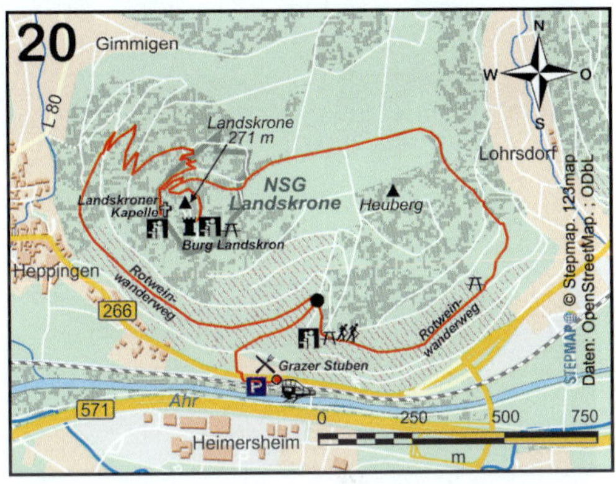

Landskroner Kapelle. Nun wandern Sie nur noch mit leichter Steigung bergauf und werden für die ersten Anstrengungen mit einer schönen Aussicht belohnt.

In einer Linkskurve gelangen Sie an die Panoramakarte Heimersheim mit Sitzbank. Weiter geradeaus laufen Sie nun auf dem Panoramaweg oberhalb von Heimersheim weiter, inzwischen leicht bergab. Schilder in den Weinbergen verraten, dass links des Weges Müller-Thurgau und rechts Spätburgunder wächst.

Auf Höhe der im Tal liegenden Spedition Dreimüller folgen Sie an der Gabelung mit Sitzbank dem nach links führenden Schotterweg, verlassen hier also den Rotweinwanderweg. Sie passieren einige Gartengrundstücke und laufen auf einem Grasweg zu einem Wäldchen. Am Waldrand entlang gehen Sie geradeaus den Waldweg hinauf. Linker Hand liegt der Gipfel des Heuberges, rechts sind einige zu Lohrsdorf gehörige Wohnhäuser zu sehen.

Hinter dem Kreuz aus dem Jahr 1740 mit Rastbank (Seite 130) endet der Wald, der Weg führt als örtlicher Wanderweg 7 und A2 leicht bergauf zwischen Feldern hindurch und geradeaus auf die bewaldete Landskrone (⇧ 271 m) zu. Der Berg hieß früher Gimminger Berg, wurde aber wegen der Burg Landskron später nur noch Landskrone genannt.

An der Rastbank gehen Sie geradeaus weiter Richtung Landskrone. Hier verläuft außer dem Weg 7 auch der Jakobsweg von Bonn nach Monreal. Diese Stelle heißt Am Galgen und markiert einen Platz, an dem schon die keltischen Druiden ihre Gerichtssitzungen abgehalten haben sollen. In der Karolingerzeit war hier der Sitz des Femegerichts, dessen Urteile sofort vor Ort vollstreckt wurden – meist am Galgen.

Kreuz aus dem Jahr 1740

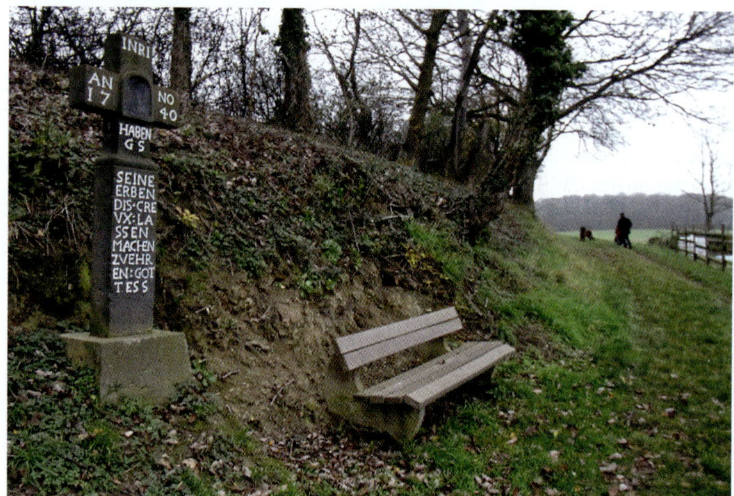

Hier beginnt das Naturschutzgebiet Landskrone, was für die vierbeinigen Wandergenossen leider einen Verlust der Freiheit durch Anleinen mit sich bringt. Sie folgen am Beginn des Naturschutzgebietes dem Teerweg nach links bis zu einer Schranke mit Sitzbank und einer Infotafel über das Naturschutzgebiet. Passieren Sie die Schranke und gehen Sie mit dem Jakobsweg geradeaus bergauf.

An einer Gabelung, an der es rechts zur Kapelle geht, bleiben Sie noch auf dem geradeaus führenden Weg und erreichen in einem weiten Bogen die Ruine Landskron.

Burgruine Landskron

Schon die Germanen nutzten diese Bergkuppe für ihre Things, die Römer bauten hier einen Militärposten mit Warte. Ab 1206 wurde die Reichsburg Landskron zur Absicherung der strategisch wichtigen und verkehrsreichen Krönungsstraße von Frankfurt nach Aachen erbaut. Es folgte eine wechselhafte Geschichte mit zahlreichen verschiedenen Eigentümern, bis die Burg 1677 niederbrannte und 1682 geschleift wurde. Erhalten sind heute noch einige Mauern und Treppen. Das im frühen 20. Jh. sehr beliebte Ausflugslokal Möhren innerhalb der Ruine wurde im Krieg zerstört und 1949 vollständig zurückgebaut.

Im Bereich der Ruine finden Sie eine Schutzhütte, mehrere Rastbänke, eine Picknickwiese, eine schöne Aussicht ins Ahrtal und eine Treppe hinauf zum Gipfelkreuz der Landskrone. Wenn Sie mit der Besichtigung fertig sind, gehen Sie zu der Gabelung zurück, an der es zur Kapelle ging. Dieses Mal folgen Sie dem Wegweiser Richtung ✝ Landskroner Kapelle, biegen also scharf links ab.

Landskronen Kapelle

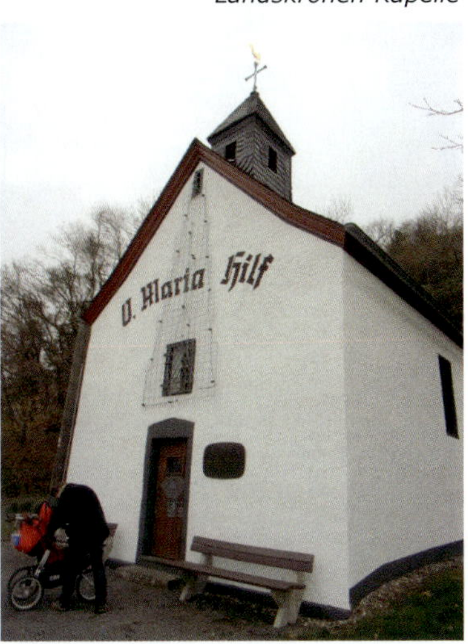

Der Pfad führt bergab und mündet in einen Forstweg, dort gehen Sie nach links zur ✝ Landskroner Kapelle. Korrekt heißt sie Maria-Hilf-Wallfahrtskapelle und wurde von einem Burgherrn aus Dankbarkeit für die wundersame Errettung seiner drei jungfräulichen Töchter aus den Händen eines Raubritters in Auftrag gegeben. Schon in der Antike soll sich an dieser Stelle eine heidnische Kultstätte befunden haben.

Heute laden hier einige Rastbänke und eine schöne Aussicht auf Heppingen zum Verweilen ein. Im Tal zu sehen sind Heppingen, die große Brücke der A61 und das Apollinariswerk am Ortsrand von Bad Neuenahr.

Nun laufen Sie wieder zurück zu der Gabelung, an der Sie von der Burgrunie kommend auf dem schmalen Pfad von oben (= rechts) angekommen sind. Hier halten Sie sich nun an den geradeaus führenden breiteren Weg. Nach 120 m müssen Sie ihn aber schon wieder verlassen, indem Sie scharf links abbiegen. Hier können Sie sich an den Markierungen des Jakobswegs, MKII und ◄ orientieren, die einen Pfad markieren, der in zahlreichen Serpentinen bergab durch den Mischwald geführt wird.

Mit sieben Stufen endet der Pfad auf einem breiten Waldweg, dort folgen Sie der Jakobswegmarkierung nach rechts. Schon nach knapp 100 m geht es scharf links über weitere Serpentinen bergab (Jakobsweg, MKII, ◀). Zum Glück gibt es in der letzten Serpentine eine Sitzbank für Menschen, denen bei dem vielen Bergablaufen die Knie weich geworden sind.

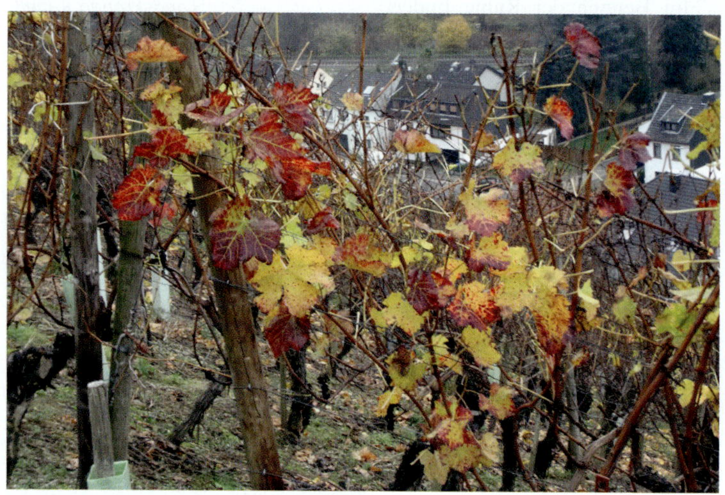

Letztes Weinlaub im Spätherbst

Nun erreichen Sie eine spitzwinklige Wegkreuzung, an der Sie scharf links auf dem breiteren Weg bis zu einer Gabelung gehen. Dort wandern Sie nach rechts bergab zu einem Teerweg, an dem Sie wieder auf den Rotweinwanderweg treffen. Diesem folgen Sie nach links. An einer Rastbank endet der Wald und ein Weinberg beginnt. Sie passieren die Panoramakarte Heppingen und laufen leicht bergauf zum Rettungspunkt 12, den Sie schon vom Beginn der Wanderung kennen. Hier schließt sich der Kreis und Sie wandern den nach rechts führenden steilen Weg hinab zum Startpunkt am Heimersheimer Bahnhof.

✕ Grazer Stuben, Landskroner Straße 4, 53474 Bad Neuenahr-Ahrweiler/Heimersheim, ☏ 026 41/911 49 05, www.grazer-stuben.de, Mi bis So 11:30 bis 14:00, 17:30 bis 22:00

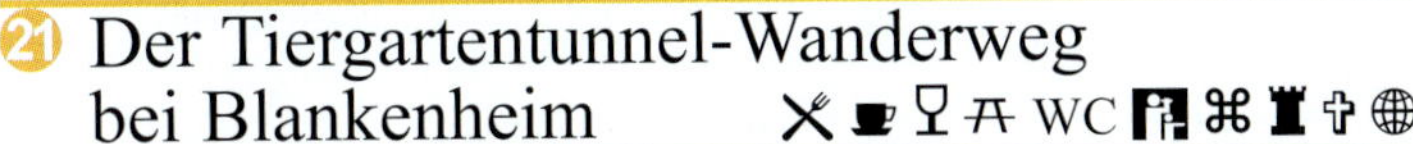

21 Der Tiergartentunnel-Wanderweg bei Blankenheim

Tour für gute Wanderer

Die längste Wandertour in diesem Buch führt so abwechslungsreich durch die Natur und zu so vielen historischen Sehenswürdigkeiten, dass sie viel kürzer erscheint. Sie erfahren unterwegs viel über die Geschichte der Region und genießen das Wandern in idyllischen Bachtälern.

- Start/Ziel: DB-Haltepunkt Blankenheim (Wald), GPS N 50°26,527' E 006°35,573'
- 21,4 km
- 6-7 Std.
- 367 m/367 m
- 473-574 m
- Tiergartentunnel-Wanderweg
- Einkehrmöglichkeit in einigen Restaurants und Cafés in Blankenheim (km 10,9)
- Sitzbänke, Rastplätze (km 1,6, km 11,9 und km 17,8) und eine Schutzhütte (km 8,6)
- WC öffentliche Toilette in Blankenheim am Schwanenweiher (km 10,9)
- GC3R56Z Obere Ahrtalbahn – Bf. Blankenheim (Wald), Tradi; ferner mehrere Multis in Wegnähe
- Wegen ihrer Länge ist diese Tour für Kinder nicht so gut geeignet, sie kann aber gut in Blankenheim geteilt werden, ☞ unten.
- Sehr lange Tour mit schmalen Pfaden, einigen Stufen und matschigen Abschnitten. Mit Buggy ist in längeren Regenperioden schon unmittelbar nach dem Start kaum noch ein Durchkommen.
- Für lauffreudige Hunde eine schöne Runde mit paradiesisch vielen Bächen, Tümpeln und Pfützen. Die Leine ist nur im Naturschutzgebiet, bei den Straßenquerungen und im Ort nötig.
- Bushaltestelle Blankenheim (Wald), Linie 832 (Die Linie 832 fährt am Wochenende und abends als TaxiBus. Dazu rufen Sie 30 Min. vor der planmäßigen Abfahrt unter ☏ 018 04/15 15 15 an. Je nach Anzahl der insgesamt für die Abfahrt angemeldeten Fahrgäste kommt dann ein Taxi, Kleinbus oder Bus zur Haltestelle.)
- DB-Haltepunkt Blankenheim (Wald)
- Parkmöglichkeit am Startpunkt
- ☺ Die Tour lässt sich gut halbieren, indem in Blankenheim übernachtet oder der Bus zurück zum Bahnhof genommen wird.

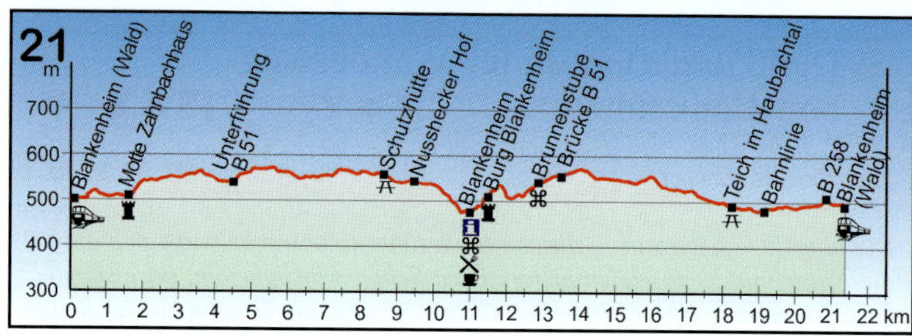

Sie starten zu dieser Wanderung in der Verlängerung der Bahnhofszufahrt und folgen dem Grasweg ins Naturschutzgebiet hinein. Dabei passieren Sie eine rot-weiße Schranke und wandern parallel zur Bahnlinie und zum Wisselbach durch den Wald und über die Auenlichtungen des Urfttals. Je nach Witterung ist hier mit matschigen Streckenabschnitten zu rechnen. Familien, die es trotz der angekündigten Stufen mit dem Buggy versuchen wollen, können also schon hier prüfen, ob die Tour machbar ist oder lieber abgebrochen werden sollte.

An der Gabelung halten Sie sich rechts und laufen nun auf der Trasse der ehemaligen oberen Ahrtalbahn, deren nordwestliche Teilstrecke vom DB-Bahnhof Blankenheim (Wald) nach Ahrdorf führte und dort auf den Abschnitt von Jünkerath nach Dümpelfeld stieß. Dabei passieren Sie die Infotafeln 17 und 18 des Tiergartentunnel-Wanderweges. Der Weg macht einen Linksbogen und führt zunächst über die Urft, dann an einer Rufschranke über die Bahngleise der Eifelbahn. Dahinter biegen Sie links ab. Hier macht Ihnen vielleicht die geradeaus weisende Markierung des Eifeler Quellenpfades Lust auf eine längere Eifelwanderung. Der 68 km lange Rundwanderweg verbindet die Quellen der Ahr, der Urft, der Kyll und des Römerkanals. Nach 200 m erreichen Sie einen Picknickplatz, hier ist ein nur wenige Meter langer Abstecher nach rechts zur Motte Zehnbachhaus möglich.

Unter einer **Motte** verstehen die Historiker eine kleine Holzburg, die auf einem künstlich angelegten Erdhügel errichtet wurde. Das Wort kommt aus dem Französischen und bedeutet Erdklumpen. Eine solche Erdhügelburg war meist kreisrund und von einem Ringgraben umgeben, mit dem Grabenaushub wurde der zentrale Hügel aufgeschichtet. Die meisten Motten entstanden im 10. bis 15. Jh. Wegen der Holzbauweise sind fast überall nur noch die Erdhügel nebst Ringgraben erhalten.

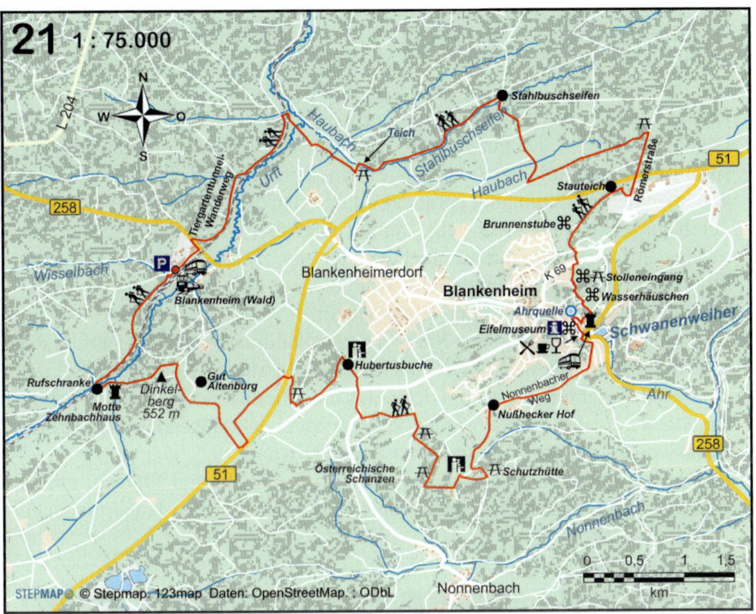

Hinter dem Picknickplatz führt der Waldweg den Dinkelberg hinauf. An einer T-Kreuzung folgen Sie dem Schotterweg nach rechts, er führt leicht bergauf und zwischen Wiesen hindurch. Der Tiergartentunnel-Wanderweg verläuft nun auf einem Teerweg, wandern Sie weiter geradeaus und unter einer Stromleitung hindurch. Auf der Höhe öffnet sich ein schöner Blick nach links zum Gut Altenburg. Es hieß früher Altenburger Hof und blickt auf eine mindestens 200-jährige Geschichte zurück.

Sie wandern auf die B51 zu, die mitunter auch Eifelautobahn genannt wird, weil die eigentliche Eifelautobahn A1 an der Landesgrenze endet und noch in den Sternen steht, ob und wann ein Lückenschluss auf rheinland-pfälzischer Seite zur A1 bei Daun erfolgen wird. Die B51 verbindet nun das Autobahnende der A1 bei Blankenheim mit der A60 bei Prüm und ist sehr stark befahren. Sie müssen sie nicht überqueren, Ihr Weg knickt einige Meter vor der Bundesstraße, also direkt nach dem Windrad, nach links ab. Nehmen Sie Hunde bitte dennoch an die Leine, wenn Sie sich der Bundesstraße nähern.

Nach etwa 100 m folgen Sie dem Grasweg (📷 Seite 116) nach links und entfernen sich auf diese Weise wieder vom Straßenlärm. Vor einem Hochsitz und einer Stromleitung gehen Sie rechts auf einem Grasweg bergab. Linker Hand liegt der Altenburger Kopf, ein knapp 100 m langer und 40 m hoher Kalkfelsen, der nur deshalb auffällt, weil er sich deutlich über die sumpfige Talaue erhebt. Sie passieren eine Infotafel mit ⛼ Rastbank und gehen an der Wegkreuzung geradeaus durch den Tunnel unter der B51 hindurch. (☺ Wer hier links geht, kommt über den Ort Blankenheimerdorf wieder auf den Tiergartentunnel-Wanderweg. Dabei verkürzt sich die Strecke zurück nach Blankenheim Wald etwa auf die Hälfte, man verpasst aber auch das schöne Örtchen Blankenheim.)

Hinter dem Tunnel gehen Sie rechts am Waldrand leicht bergauf. Nach gut 100 m führt der Weg nach links in den Wald hinein. Nun laufen Sie auf eine ⛼ Schutzhütte zu, die gleichzeitig die Überdachung eines freigelegten Stücks einer Römerstraße ist, die vor zwei Jahrtausenden als Verbindungsweg zwischen Köln und Trier angelegt wurde.

Dahinter schlängelt sich der Weg durch den Wald und führt zu einem Teerweg. Ihm folgen Sie nach rechts und gehen an der Hubertusbuche

Hubertusbuche

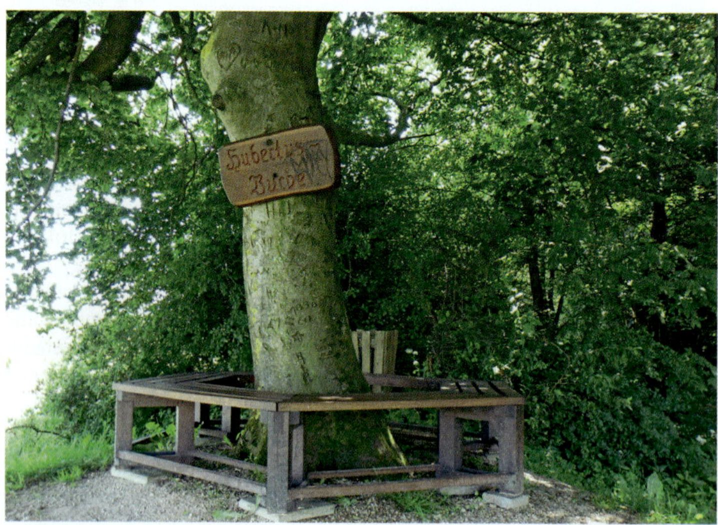

erneut nach rechts. Nach links bietet sich hier ein schöner Blick nach Blankenheimerdorf. Der Teerweg mündet in die Schmidtheimer Straße, der Sie nach halb rechts folgen. An der Straßenkreuzung gehen Sie geradeaus Richtung Nonnenbach bis zu einer Rechtskurve und folgen dort dem Teerweg geradeaus.

An der Infotafel führt ein Trampelpfad zu einer Hängebuche auf einem alten Hügelgrab. Bleiben Sie aber auf dem bisherigen Weg oder kehren Sie zu ihm zurück. Er ist inzwischen geschottert und führt leicht bergauf. An einem einzelnen Busch (hoffentlich steht er bei Ihrer Wanderung noch dort, ansonsten bitte gut nach einem Wegweiser und einem Weg nach rechts Ausschau halten) biegen Sie rechts ab und laufen bis zum Waldrand. Dort gehen Sie nach rechts und an einer Sitzbank links durch den Wald. Sie erreichen eine T-Kreuzung, an der Sie rechts abbiegen. Kurz darauf passieren Sie eine weitere Sitzbank und eine Tafel mit Informationen über die Österreichischen Schanzen.

Österreicher in der Eifel

Zu den nach dem Dreißigjährigen Krieg entstandenen sogenannten Spanischen Niederlanden gehörten die heutigen Niederlande und Teile von Belgien, Luxemburg und der Eifel. Nach Ende des Spanischen Erbfolgekrieges (1701-1714) fiel das südliche Territorium an Österreich. Im Ersten Koalitionskrieg (1792-97) zwischen Frankreich und der österreichisch-preußischen Koalition wurden diese als Schanzen bezeichneten Wälle angelegt. Der Wall hier an der heutigen B51 war 85 m lang und 15 m breit, ist aber leider nicht mehr gut erhalten, da er von der Bundesstraße durchschnitten wird.

Dahinter wandern Sie an der Wegkreuzung nach links weiter. An der T-Kreuzung nehmen Sie den Teerweg nach links. Geradeaus öffnet sich ein guter Blick hinüber nach Blankenheim.

Nach etwa 100 m gehen Sie auf dem Teerweg nach rechts zum Wald. Dort biegen Sie an der Schutzhütte nach links ab, hier verläuft auch der Jakobsweg. Der bisherige Waldweg trifft auf einen Feldweg, hier laufen Sie nach rechts und nach 10 m an der Gabelung nach links. Der Weg ist leicht abschüssig und führt an den ersten Häusern von Blankenheim vorbei. Sie nehmen die erste nach rechts führende Straße und passieren den Nußhecker Hof.

Auf einer idyllischen Allee wandern Sie leicht bergab weiter auf Blankenheim zu, dabei passieren Sie den Eifel-Blick Nonnenbacher Weg mit einer schönen Aussicht über das Ahrtal zu den Kuppen der Vulkaneifel. Bei klarer Sicht sind Aremberg, Hohe Acht und Nürburg zu sehen.

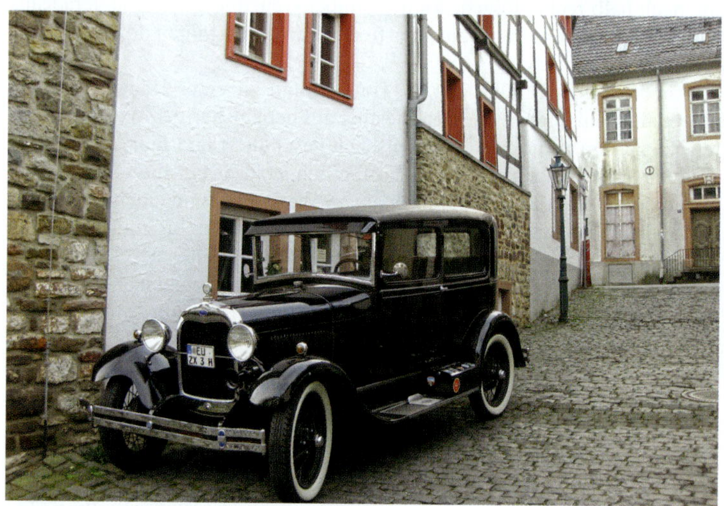

Fachwerk und Oldtimer in Blankenheim

An dem schönen Fachwerkhaus mit der Hausnummer 16 stellt sich die Frage, wie der Weg weitergeht, denn er ist sowohl nach links die Treppe hinauf als auch geradeaus den Nonnenbacher Weg hinab gekennzeichnet. Ich schlage die zweite Variante vor, damit lassen sich einige unnötige Stufen einsparen. Schon bald erreichen Sie das Ortszentrum von Blankenheim (Stellplatz am Schwanenweiher). Dort bieten sich einige Cafés und Restaurants zur Einkehr an, die unmittelbar am Wegesrand liegen, zum Teil mit Blick auf den Schwanenweiher. Sie können hier auch auf einer Rastbank Ihre Rucksackverpflegung genießen.

Ob es die Bademöglichkeit im Freibad Blankenheim auch 2015 noch gibt, ist nicht sicher, denn es steht momentan zum Verkauf.

Sie überqueren nun die Ahrstraße, passieren den Rathauseingang und gehen dahinter nach links auf der Klosterstraße Richtung Ahrquelle. Linker Hand befinden sich das ⌘ Eifelmuseum und die Tourist-Information.

Tourist-Information Blankenheim, Ahrstraße 55-57, ☏ 024 49/872 22, www. blankenheim.de, tägl. 10:00 bis 16:00, nach den Herbstferien (NRW) bis Ende März nur bis 14:00

⌘ Eifelmuseum Blankenheim, Ahrstraße 55-57, www.eifelmuseum-blankenheim.de, tägl. 10:00 bis 16:00, Nov bis März nur bis 14:00,

Am Gildehaus biegen Sie links ab und 20 m weiter am Brückenheiligen Nepomuk rechts. Am Ende der Straße, neben der Ihnen die Ahr in einem gemauerten Kanal entgegenfließt, sprudelt die Ahrquelle unter einem Haus hervor.

An der Ahrquelle

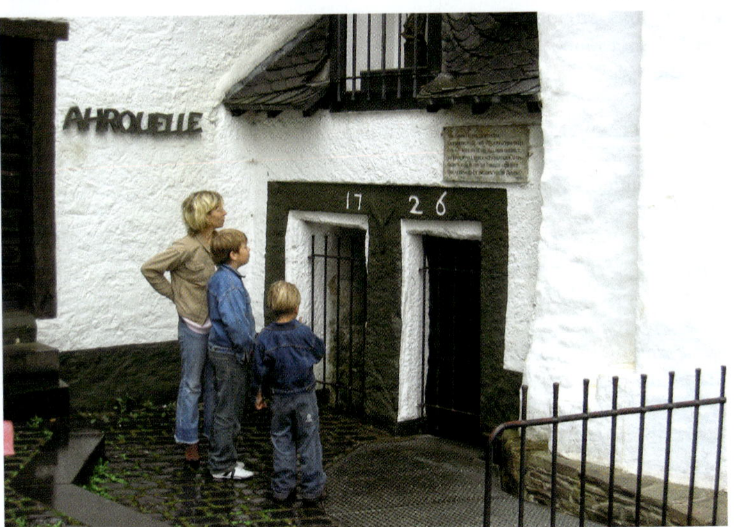

Die Ahr

Wer würde vermuten, dass die Quelle eines der bekanntesten deutschen Flüsse im Keller eines Hauses liegt? Hier in Blankenheim entspringt die Ahr ganz unscheinbar und mündet nach gut 85 Flusskilometern bei Remagen-Knipp – immer noch eher ein Bach als ein Fluss – in den Rhein. Bekannt ist vor allem der Unterlauf der Ahr hinter Altenahr, denn dort hat die Ahr sich ihren Weg durch hohe Felsen gebahnt, die heute als hervorragende Weinbaulage bekannt sind.

Ein paar Schritte zurück, fast noch neben der Ahrquelle, führt eine immer schmaler werdende Treppe zwischen einigen Häusern hindurch. Am Treppenkopf gehen Sie rechts an schönen Fachwerkbauten und der katholischen Pfarrkirche St. Mariä Himmelfahrt vorbei zu einer Stelle, an der der Eifelsteig geradeaus die Treppe hinaufführt. Hier haben Sie die Wahl, ob Sie (1) auf Pflaster und einem unbefestigten Weg links durch die gepflasterte Gasse gehen, an deren Ende rechts die Treppenstufen und den Waldweg hinaufsteigen und am Ende des Holzgeländers an der T-Kreuzung auf dem Waldweg rechts zu einem Schotterweg gehen oder (2) über Steinstufen und einen Teerweg geradeaus die Treppe hinaufsteigen, am Tor zum Burghof der Burg Blankenheim links auf den Teerweg einbiegen und nach 30 m links auf der Straße namens Tiergarten Richtung Tiergartentunnel laufen. Bei feuchtem Untergrund und für historisch Interessierte empfehle ich die zweite Variante.

1115 wurde Burg Blankenheim erstmals urkundlich erwähnt. Ab 1468 ließen die Grafen von Manderscheid sie umbauen. Heute wird sie als Jugendherberge genutzt.

An der Hausnummer 18 treffen beide Wegalternativen wieder zusammen. Hier ist hinter zwei Infotafeln und Rastbänken ein Blick ins ⌘ Wasserhäuschen des Tiergartentunnels möglich, wo das Quellwasser aus dem Tunnel in den Zulauf zur Burg floss. Dann folgen Sie den vielen Wegweisern zu einem ersten Tunnelteil und zu dem Pavillon mit Glasdach, in dem einige Tunnelelemente ausgestellt sind.

Der Blankenheimer Tiergarten und sein Tunnel

Wer hier nun einen kleinen Zoo erwartet, sucht vergeblich, denn der Tiergarten ist ein 15 m hoher bewaldeter Bergrücken in der Nähe der Burg. Hier wurde das bei der Jagd lebend gefangene Wild gehalten, sodass die Burgherren auch bei fehlendem Jagdglück stets einen frischen Braten auf den Tisch bekamen.

Bei der Suche nach gutem Frischwasser für seine Burg stieß Graf Dietrich III. von Manderscheid-Blankenheim auf eine etwa 800 m entfernte Quelle. Um das Wasser zur Burg zu befördern, mussten eine Talmulde und der Burgberg überwunden werden. Der Graf ließ daher 1468/69 den fast 160 m langen Tiergartentunnel mit einer 550 m langen Zuleitung bauen. Eine Druckwasserleitung aus Holzröhren zu bauen, war in der damaligen Zeit eine enorme Ingenieurleistung.

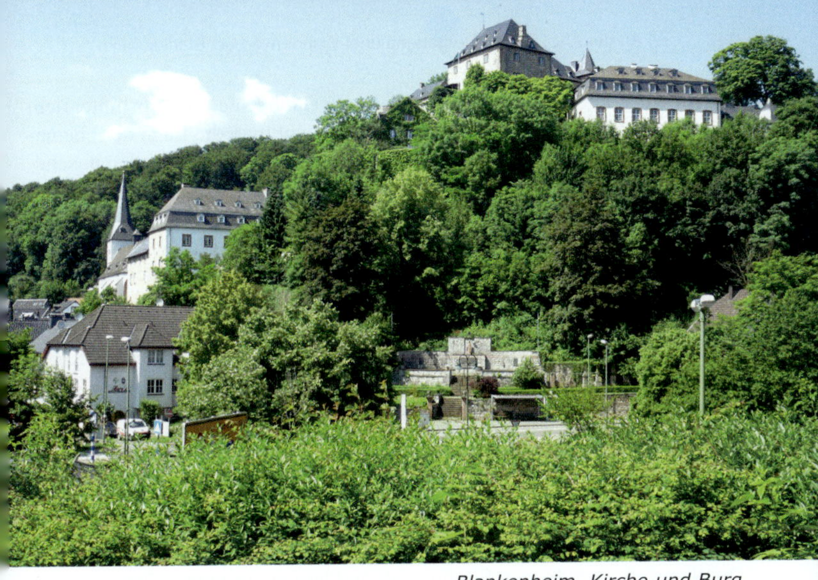

Blankenheim, Kirche und Burg

📖 Klaus Grewe: „Der Ratz im Rohr – eine archäologische Zeitreise", der Bau des Tiergartentunnels als spannender Archäologie-Roman.

Der Weg führt in Serpentinen bergauf durch den Wald, zum Teil mit Stufen. Wenn die tunnelförmigen Markierungen des Tiergartentunnel-Wanderwegs fehlen, helfen die Logos des perfekt markierten Eifelsteigs. Sie passieren unterwegs fünf Bauschächte des Tunnels, hinter dem zweiten geht es nicht mehr weiter bergauf, sondern sanft bergab zu einer T-Kreuzung. Hier können Sie sich ein Mundloch, also einen alten Stolleneingang, und den Zulaufgraben des Tunnels anschauen und biegen rechts ab. Nach 30 m gehen Sie links hinab zum überdachten Schnitt durch den Zulaufgraben. Dort steht auch ein Picknicktisch.

An einer Rastbank verlassen Sie den Wald und folgen dem Pfad nach rechts bergab zur nächsten Infotafel. Dort gehen Sie links über die Wiese und nach 50 m rechts auf dem Feldweg zur K69, die Sie vorsichtig überqueren. Laufen Sie nun 50 m am Waldrand entlang und gehen Sie noch vor dem Ortsausgangsschild links auf dem Wiesenweg zum Waldfriedhof. Dort überqueren Sie leicht nach links versetzt die Straße In der Rhenn. Nach etwa 5 Min. Laufzeit kommt links ein 100 m langer Abstecher zur Quellfassung des Tiergartentunnels.

Der Rundweg führt nun weiter Richtung Haubachtal. Rechts hinter dem Gebäude mit den Wasserleitungsstücken erkennt man die Lage des ehemaligen Stauteichs an den zu jeder Jahreszeit hübsch anzuschauenden puscheligen Grasbüscheln. Der Weg macht nun einen Bogen zum Gewerbegebiet, an dessen Beginn Sie links auf der Brücke die B51 überqueren. Der Weg führt auf der alten Römerstraße in den Wald.

An der ersten Forstwegkreuzung gehen Sie geradeaus, an der Kreuzung mit der ⛼ Rastbank laufen Sie nach links auf einem Schotterweg zwischen zwei Waldstücken hindurch. Sie erreichen ein Feld, dort biegen Sie rechts ab. Zahlreiche Schmetterlinge bevölkern im Sommer die Gräser und Kornblumen am Wegesrand.

Vor der Schranke biegen Sie links ab und folgen dem Forstweg bis zu einer Kreuzung mit Rastbank. Dort gehen Sie nach rechts bis zum Waldrand und nehmen an der Gabelung den linken Weg. Nach der bergab führenden Rechtskurve erreichen Sie eine Wegkreuzung namens Stahlbuschseifen.

Hier gehen Sie nach links auf dem Forstweg weiter, passieren einen Teich mit ⛼ Picknicktisch und kommen zu einer Infotafel zum Eifeler Quellenpfad. Dort biegen Sie links ab und laufen auf einem Teerweg über den Haubach. Nach 100 m gehen Sie rechts auf dem Graspfad durch das Haubachtal. Der Pfad endet an einem Schotterweg, dem Sie nach rechts folgen. Er führt leicht bergab. Sie überqueren die Urft und die Bahngleise und gehen direkt dahinter an der großen Kreuzung mit dem Kruzifix links weiter. Dabei passieren Sie eine Infotafel zum Urfttal und eine Schranke.

Der Weg führt neben der Bahnstrecke zur B258, die Sie vorsichtig überqueren. Auf dem Fuß- und Radweg neben der Bundesstraße laufen Sie nach links und hinter den beiden großen Hallen nach rechts zum Start- und Zielpunkt am 🚆 Bahnhof.

V. Nördliche Westeifel

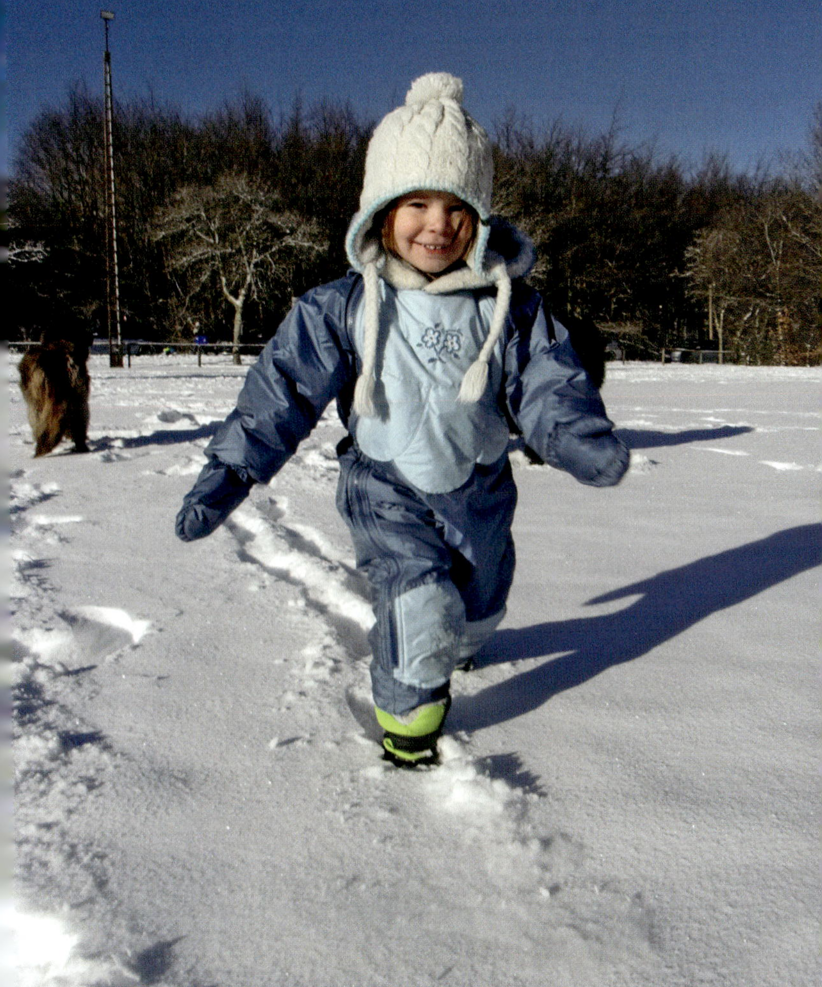

Wandern durch den Schnee macht großen Spaß (Tour 23)

22 Rund um den Kronenburger See

Tour für Freunde von Wasser und Geschichte

Aus dem malerischen Örtchen Kronenburg führt diese Rundwanderung hinab zum Kronenburger See mit seinen zahlreichen Freizeitanlagen und am Ufer wieder hinauf nach Kronenburg, wo die Ruine der namensgebenden Burg erkundet werden will.

Start/Ziel: P Parkplatz in der Kronenburger Altstadt am Burgbering, GPS N 50°21,895' E 006°21,895'

6 km

etwa 2 Std.

167 m/167 m

477-550 m

Jakobsweg, Willibrordusweg ◄, roter Pfeil, blauer Pfeil

Pfeffer und Salz (km 0,9), Bistro am Spielplatz (km 1,3), Seeterrasse (km 2,1), außerdem mehrere Einkehrmöglichkeiten oben in Kronenburg (km 0/km 6)

nur wenige Sitzbänke

Bademöglichkeit im Kronenburger See mit Hüpfburg und Trampolin im (!) See

GC55X19 Spiel doch mal Geocachen, Tradi; GC29KHF Relikte, Multi

kurze Wanderung mit viel Abwechslung: Spielplatz, Minigolf, Badesee, Bootsverleih, Burg

Ein schmaler Weg, zwei Treppen und einige weitere Stufen machen das Durchkommen zu Beginn und am Ende des Weges schwierig.

Hunde können auf dem größten Teil der Strecke frei laufen und finden zahlreiche Stellen zum Saufen und Schnuppern.

Bushaltestelle Dahlem, Kronenburg, Bus 834 von Dahlem Bf. Wer mit dem Bus anreist, steigt am besten einfach etwas später in die Tour ein (ca. km 0,9).

P Parkmöglichkeit am Startpunkt, Navi: Burgbering 34

Am Anfang des P Parkplatzes, also auf der dem Stadttor abgewandten Seite, folgen Sie dem Sträßchen Trift nach rechts bergab, ein roter Pfeil hilft bei der Orientierung. An der Kreuzung gehen Sie geradeaus Richtung Eifelhaus bergauf, auch der Jakobsweg und der Willibrordusweg verlaufen hier.

Am Ende der Straße laufen Sie geradeaus auf dem Schotterweg bergab. Zwischen zwei Brachflächen ergibt sich ein schöner Blick ins Kylltal. An

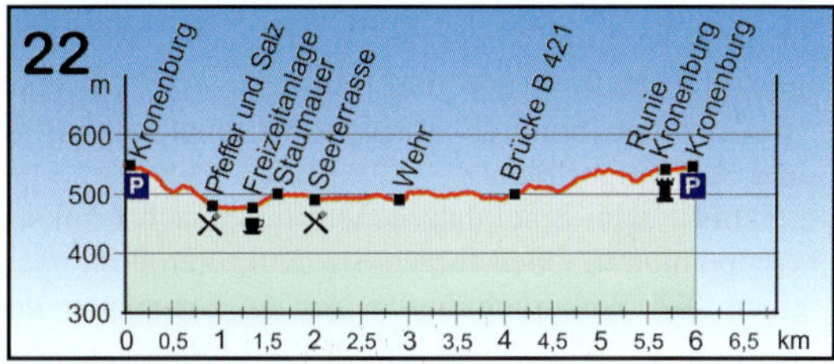

der Gabelung folgen Sie dem schmalen Pfad nach links bergab. Steigen Sie eine kleine Treppe hinab und biegen Sie an deren Fuß rechts ab. Der Weg macht einen Linksbogen über einen kleinen Bach, dahinter laufen Sie links die Straße Zum Kleebusch hinab zur Sankt-Vither-Straße (B421), die Sie an der Bedarfsampel überqueren.

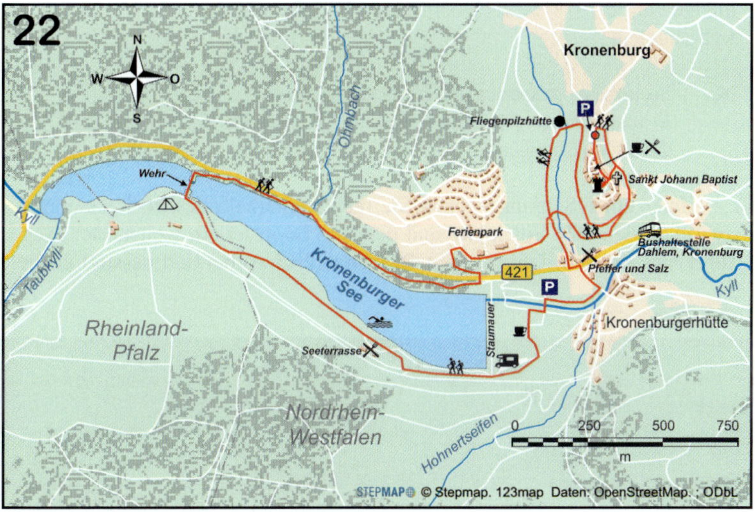

✕ Pfeffer und Salz, Sankt-Vither-Straße 14, 53949 Kronenburg, ☏ 065 57/895, www.pfeffersalz.net, 9:00 bis 22:00

Nun folgen Sie geradeaus dem Neuen Weg bergab und gehen noch vor der Kyllbrücke rechts Richtung P Wanderparkplatz auf einem Teerweg parallel zur Kyll. Vor der Schranke gehen Sie links auf einer Holzbrücke über die Kyll und hinter der Brücke rechts. Gleich dem nächsten Weg folgen Sie nach links und laufen zwischen einem Tennisplatz und Boulebahnen hindurch zu einem Spielplatz mit Geocache, Bistro und Minigolfplatz.

Hinter dem Spielplatz gehen Sie zunächst links, dann halb rechts eine Treppe hinauf. Oben folgen Sie dem roten Pfeil nach rechts und passieren einen Wohnmobilhafen. An der Staumauer des Kronenburger Sees wandern Sie, nun einem blauen Pfeil folgend, geradeaus weiter. Die Stauanlage wurde 1973-79 als Hochwasserrückhaltebecken für Kyll und Taubkyll angelegt.

Seeterrasse, Seeuferstraße 6, 53949 Kronenburg, www.kronenburger-see.de/gastronomie, Jun bis Sep tägl. 11:00 bis 22:00, Okt bis Mai tägl. außer Di 11:00 bis 21:00. Deutsche und asiatische Küche

Hinter einer Schranke gehen Sie rechts unterhalb des Restaurants zwischen dem Spielplatz und dem Bootsverleih weiter. Der Weg führt nun auf dem Uferweg am Strandbad vorbei und passiert einen

Am Wehr

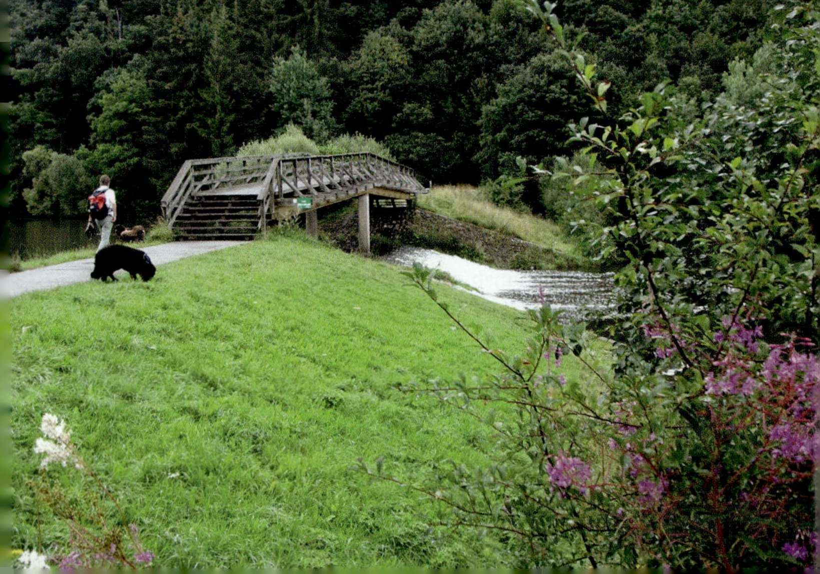

Campingplatz. Dahinter wandern Sie auf dem nach rechts führenden Teerweg zum Wehr, dieses wird auf einer Holzbrücke überwunden. Danach folgen Sie rechts dem Uferpfad mit dem blauen Pfeil. Er verläuft zwischen der B421 und dem Wald, ein Steilstück wurde durch Stufen entschärft.

Der Weg wird etwas breiter und führt zur Staumauer. Unmittelbar davor steigen Sie links die Holztreppe hinauf. Sie bringt Sie sicher auf die andere Seite der B421. Am Ende der Brücke laufen Sie rechts den Hang mit der Treppe hinauf zur Animationshalle des Ferienparks. Dort folgen Sie der Zufahrt nach rechts, hier findet sich auch wieder der rote Pfeil. Sie passieren die Rezeption, das Restaurant und das Hallenbad (nur für Gäste des Parks), dahinter gehen Sie bergab zu einem Wendeplatz. Hier sind Sie auf dem Hinweg von halb rechts gekommen und nach hinten rechts zur B421 gegangen, nun auf dem Rückweg wandern Sie geradeaus auf dem Wirtschaftsweg bergauf (roter Pfeil).

Vor einer Linkskurve gehen Sie rechts auf dem Waldweg weiter, dazu passieren Sie eine Hütte in Form eines Fliegenpilzes. Noch vor der Grillhütte laufen Sie rechts (roter Pfeil) auf der Holzbrücke über ein Bächlein. Hier verlaufen auch die örtlichen Wanderwege 3, 4, 5 sowie der Kyllweg. Auf einem Pfad wandern Sie bergauf weiter, er verläuft am Rand einer Streuobstwiese. Oben angekommen nehmen Sie den nach rechts führenden Grasweg, er führt unterhalb der Kronenburg entlang.

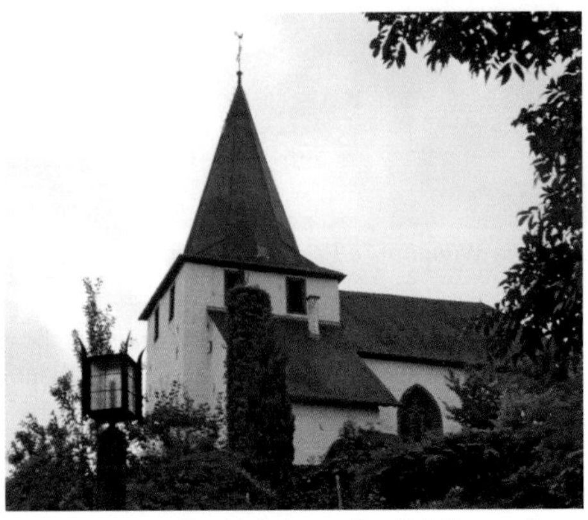

Sankt Johann Baptist Kronenburg

✞ **Sankt Johann Baptist Kronenburg**. Gräfin Mathilde von Virneburg, die Witwe des Grafen Kuno von Manderscheid und Schleiden, ließ die Kronenburger Kirche zum Andenken an ihren 1489 verstorbenen Mann erbauen. Die Bauarbeiten währten von 1492 bis 1508 und brachten eine sogenannte Einstützenkirche hervor. So bezeichnet man eine Kirche, deren Gewölbe von einer einzigen Säule getragen wird.

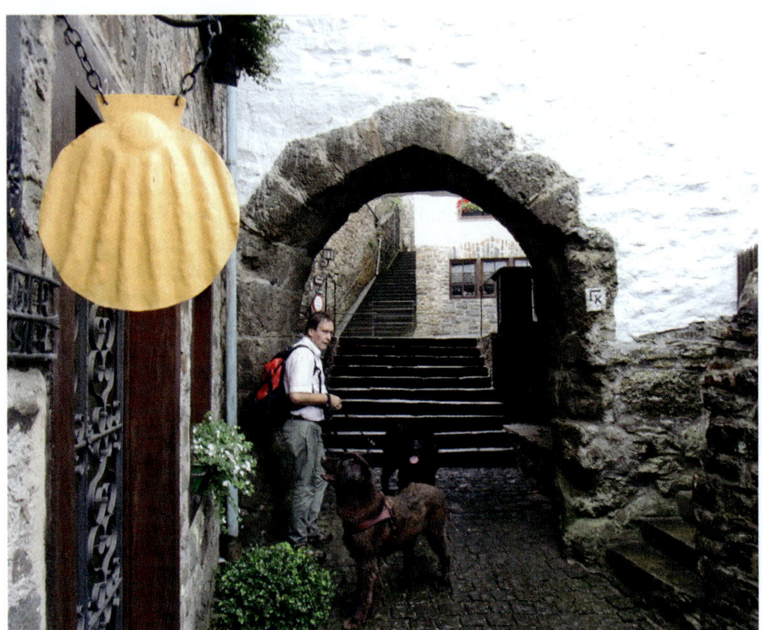

Durch die Wilhelm-Tell-Gasse hinauf nach Kronenburg

Hinter der Kirche biegen Sie links in die steil bergauf führende Wilhelm-Tell-Gasse. Hinter dem Torbogen haben Sie die Möglichkeit, geradeaus einen ⇨ Abstecher hinauf zur Ruine der Kronenburg zu machen. Hier befindet sich auch der Eifel-Blick Burgruine mit Aussicht auf den Kronenburger See und hinüber nach Hallschlag und Scheid.

Erste urkundliche Erwähnung fand die Höhenburg oberhalb der Kyll schon im Jahr 1277. Der Kirchturm der Pfarrkirche St. Johann Baptist im Dorf wurde gleichzeitig als Wehrturm für die Burganlage genutzt. Im 18. Jh. verfiel die Burganlage, heute sind nur noch die Grundmauern der Kronenburg zu sehen.

Für Eilige führt der Rundweg rechts (nach der Besichtigung der Burg: links) auf dem Burgbering zurück zum Startpunkt.

23 Winterwanderung in Udenbreth

Tour für Winterwanderer

Die Eifel ist zu jeder Jahreszeit schön. Diese kurze Wanderung in Form einer Acht ist sogar extra für Schneetage gedacht. Danach bleibt noch viel Zeit zum Rodeln oder Skilaufen. Die erste Runde führt durch eher offenes Gelände, die zweite durch den Wald.

Start/Ziel: Rasthaus am Weißen Stein, GPS N 50°24,471' E 006°22,263'

4,3 km

etwa 1 Std. 30 Min.

86 m/86 m

629-694 m

vereinzelte Hinweisschilder „Winterwanderweg" (die zuständige Sachbearbeiterin in der Gemeindeverwaltung hat mir angekündigt, möglichst bald die fehlenden Schilder ersetzen zu lassen)

Rasthaus Weißer Stein (km 0/km 4,3), Weißsteinhütte (km 0,3, nur im Winter)

unterwegs keine Sitzbänke, am Startpunkt eine Schutzhütte

GC5FZKK Aussichtsturm am Weißen Stein!

Wahrscheinlich werden sich Kinder im Winter lieber auf der Skipiste oder auf dem Rodelhügel tummeln wollen, als eine Wanderung zu machen. Aber bestimmt lässt sich innerhalb der Familie ein Kompromiss finden, der Wandern und Rodeln/Skifahren miteinander verbindet.

Buggytauglichkeit ist nur bedingt zu bejahen: Bei einer echten Winterwanderung ist ein Schlitten besser als ein Buggy, ohne Schnee sollte es sich um einen robusten Buggy handeln, weil die Wege zum Teil recht uneben sind.

Als Winterwanderung gut geeignet für Hunde, die Kälte und Schnee lieben. Kälteempfindliche Tiere werden selbst mit Mantel keine Freude am Laufen durch den hohen Schnee haben. Im restlichen Jahr ist die Runde für alle Hunde gut geeignet.

Bushaltestelle Udenbreth Weißer Stein Parkplatz, Bus 829 von Kall Bf bis Hellenthal Busbahnhof, von dort mit dem TaxiBusPlus 839 zum Ziel (alle 2 Std., Fahrt muss vorab unter 01 80/615 15 15 bestellt werden)

Großer Parkplatz am Startpunkt, bei Schnee am Wochenende allerdings oft schon vor 11:00 belegt, dann können Sie im Dorf oder an der B265 Ihr Glück versuchen.

je ein Ski- und Rodellift, Vermietung von Ski (Abfahrt und Langlauf), Snowboards, Schuhen und Schlitten

Schneetelefon: 024 82/852 00, aktuelle Schneehöhe auf www.weisser-stein-eifel.de

Startpunkt ist der P Parkplatz Weißer Stein. Von dort wandern Sie zwischen dem Rasthaus Weißer Stein und dem Sportplatz (im Winter nur an dem Geländer zu erkennen) vor der Hütte und dem Aussichtsturm hindurch auf dem Weg Richtung Skipiste. Diese kleine Fahrstraße führt am Waldrand entlang, sie darf nur von den Einsatzfahrzeugen des DRK und vom Personal der Almhütte und der Liftstationen benutzt werden. Man kann aber auch parallel zu dem Sträßchen auf der linken Seite der Hecke laufen. Hier finden Sie auch ein einsames Schild mit der Aufschrift „Winterwanderweg“. An der Bergstation des Skilifts und der Weißsteinhütte halten Sie sich links.

An der Weißsteinhütte

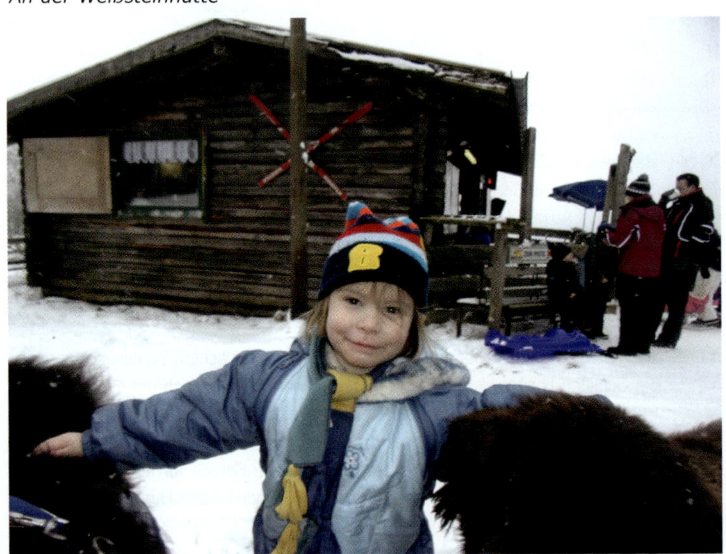

Weißsteinhütte, an allen Tagen bei Liftbetrieb

An schneefreien Tagen ist dies ein gut erkennbarer Weg, bei Schnee halten Sie sich oberhalb von Skipiste und Rodelhügel an eine Baumreihe. Sie laufen etwa 450 m bergab. Der Weg macht eine Linkskurve und mündet in einen Wirtschaftsweg, dem Sie nach links folgen. An der Wegkreuzung biegen Sie rechts ab und überqueren den Miesbach. Zwischen zwei Baumreihen führt dieser Weg zu einer Kreuzung, dort biegen Sie links ab. Sie folgen dem Weg über eine weitere Wegkreuzung hinweg bis zu einer T-Kreuzung. Hier gehen Sie nach rechts und passieren einige Gebäude am Ortsrand von Udenbreth. Wenige Meter, bevor Sie auf die L110 treffen, biegen Sie links ab und folgen der Straße Am Weißen Stein. Sie führt zunächst zwischen Feldern hindurch, dann am Waldrand entlang. Sie passieren den Europa-Wohnmobilhafen und erreichen nach 2,5 km das erste Mal wieder Ihren Startpunkt am

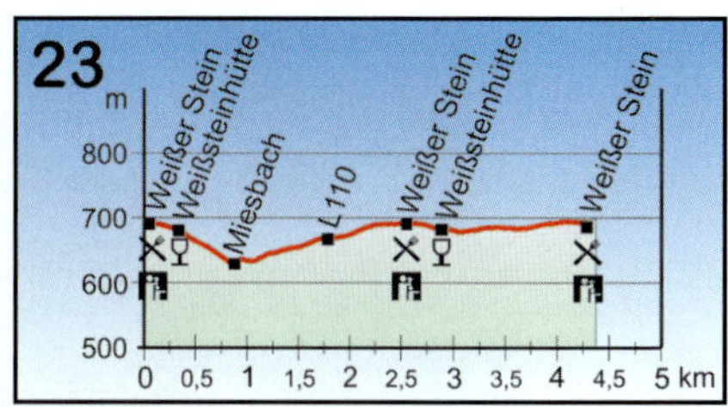

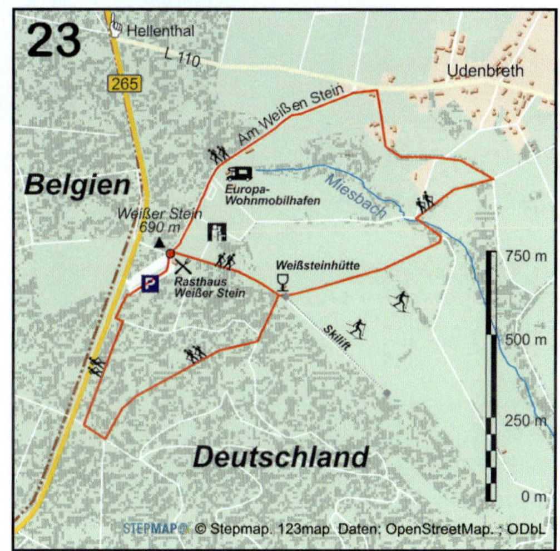

Rasthaus Weißer Stein, Am Weißen Stein 58, 53940 Hellenthal, www.rasthaus-am-weissen-stein.de, Fr 11:00 bis 19:00, Sa 10:00 bis 20:00, So 10:00 bis 19:00

Nun wandern Sie ein zweites Mal zur Weißsteinhütte, biegen dieses Mal aber an der Bergstation des Skilifts nach rechts ab, gehen also an der Schranke vorbei und folgen dem Weg durch den Wald. An Tagen mit Liftbetrieb ist die Ruhe, die Sie hier umgibt, eine echte Wohltat nach dem Gewusel im Wintersportgebiet.

Nehmen Sie nun den zweiten nach rechts führenden Weg. Sie können sich dabei an der Parzellenmarkierung 898 orientieren. Sie erreichen eine

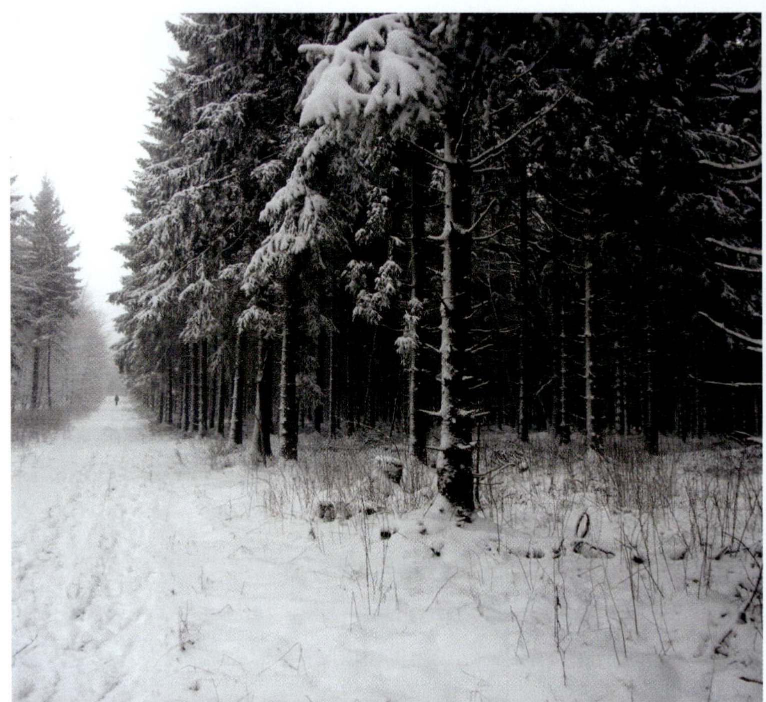

Waldweg bei Schneefall

Schneise, hier wandern Sie geradeaus weiter. ☺ Der rechte Teil der Schneise eignet sich zum Rodeln für Menschen, die lieber selbst den Schlitten ziehen, als sich in den Menschenmassen am Rodelhang wiederzufinden.

Nehmen Sie den nächsten nach rechts führenden Weg und passieren Sie eine Schranke. Nach etwa 20 m, also noch deutlich vor der B265, folgen Sie dem nach rechts führenden Waldweg. Er verläuft schnurgerade durch den Wald und kreuzt einen weiteren Forstweg. Etwa 50 m hinter diesem Forstweg ist wieder der P Parkplatz Weißer Stein - und damit das Ziel - erreicht.

24 Der Mirbachtalweg

Tour für Naturliebhaber

Der Mirbachtalweg wäre barrierefrei, wenn es nicht so strenge Kriterien zur Neigung des Weges gäbe. Maximal 8 % Steigung oder Gefälle sind in der hügeligen Eifel kaum einzuhalten, wenn man einen attraktiven Weg beschreiben will. Wer auf diesem Weg allein mit dem Rollstuhl unterwegs ist, benötigt daher an einigen kurzen Abschnitten gute Armmuskeln. Alle anderen Wanderer werden den sanft abfallenden und ansteigenden Weg durch das Mirbachtal zum Naturschutzgebiet Lampertstal sehr genießen.

Start/Ziel: Infopavillon in Mirbach unterhalb der Erlöserkirche, GPS N 50°21,341' E 006°40,758
5,4 km
1 Std. 30 Min.
99 m/99 m
424-474 m
Eifelsteig
Wanderhütte Backes (km 5,2)
zwei Rastplätze (km 2,2 und km 2,6) und weitere Sitzbänke
GC1YD0Y Erlöserkirche Mirbach/Eifel, Tradi
Im Lampertstal verschwindet ein Bach auf geheimnisvolle Weise.
Buggytauglichkeit auf der gesamten Strecke
Hundefreundliche Strecke mit vielen Möglichkeiten, im Mirbach zu saufen.
Bushaltestelle Mirbach, Anwesen Heinen, Bus 522 von Hillesheim
Parkmöglichkeit neben dem Infopavillon

Mit dem Rücken zum Kirchberg folgen Sie der Burgstraße nach links, passieren die Bushaltestelle und gehen unmittelbar dahinter links die Schulstraße hinauf. An der Gabelung folgen Sie rechts dem Wegweiser des Eifelsteigs, an der nächsten bleiben Sie geradeaus auf der Schulstraße. Nun erreichen Sie eine T-Kreuzung, an der Sie links abbiegen, um dann aber schon nach 100 m rechts in die Wacholderstraße einzubiegen.

Überqueren Sie den Mirbach und folgen Sie der Wacholderstraße nach links. Sie wird zum Wirtschaftsweg und ist bald mit Gras bewachsen. Am Wegesrand sind erste Wacholderbüsche zu sehen.

Eifeler Toskana

Der Weg nähert sich dem Lampertstal und dem gleichnamigen Naturschutzgebiet. Es gilt als das größte Wacholderschutzgebiet der Eifel und Nordrhein-Westfalens und zieht sich im Westen bis hinter Alendorf. An manchen Stellen kommt dort beim Anblick der Wacholderbüsche und der knorrigen Kiefern sogar an bitterkalten Wintertagen Mittelmeerstimmung auf. Hier im Mirbachtal und später im Lampertstal wachsen diese noch nicht in so großer Anzahl, wohl aber können kundige Augen je nach Jahreszeit so seltene Pflanzen wie Enzian, Küchenschelle, Herbstzeitlose, Seidelbast und Orchideen entdecken.

An der Gabelung gehen Sie links bergab weiter zu einer T-Kreuzung am Waldrand, wo Sie links abbiegen und zwischen dem Bett des Mirbachs und dem Wald leicht bergab wandern. An der nächsten Kreuzung gehen Sie geradeaus weiter und erfahren auf einer Tafel zu Karsterscheinungen, warum der Mirbach und der Lampertsbach nicht ganzjährig Wasser führen. Hier besteht auch eine erste ⛼ Picknickmöglichkeit. Dahinter führt der Weg bergauf zu einer Gabelung, an der Sie den Markierungen des örtlichen

Im Lampertstal

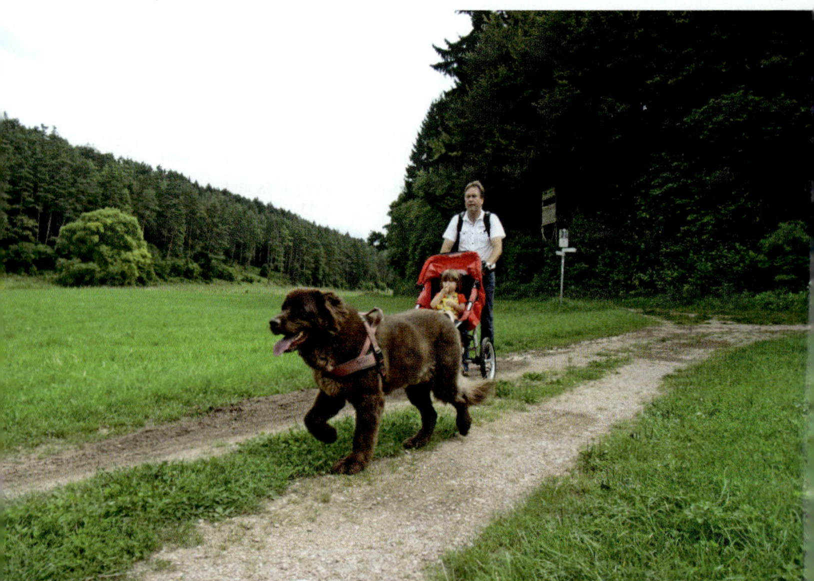

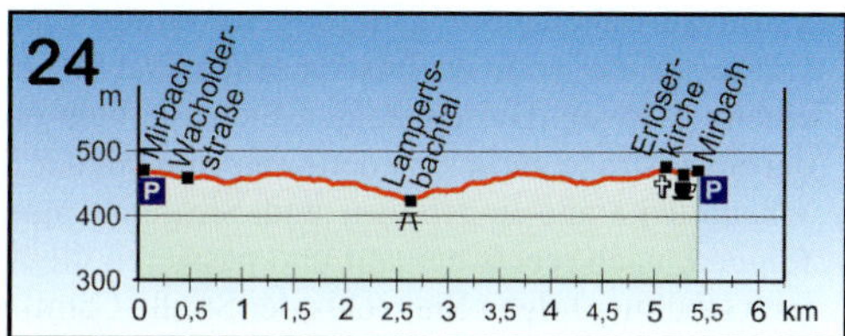

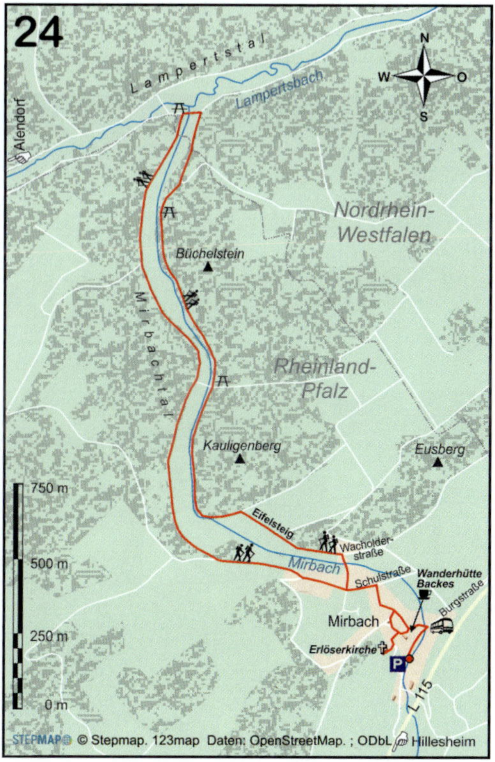

Wanderwegs 34 und des Eifelsteigs nach links bergab folgen. Mit dem Eifelsteig laufen Sie nach links und erreichen genau an der Landesgrenze von Rheinland-Pfalz und Nordrhein-Westfalen einen Picknicktisch im Tal des Lampertsbachs. Hier erinnert ein Gedenkstein an die Eröffnung des Eifelsteiges und gleichzeitig beginnt auf nordrhein-westfälischer Seite das Gebiet des Naturschutzgebietes Lampertstal und Alendorfer Kalktriften.

Hinter dem Picknicktisch biegen Sie links in den Wirtschaftsweg ein, der Richtung Mirbach führt, 🐕 ersparen Ihrem Vierbeiner daher die im Naturschutzgebiet nötige Leine und folgen dem Weg auf der anderen Seite des Mirbachtals. Einen Abzweig nach rechts ignorieren Sie. Links des Weges liegt nun idyllische Auenlandschaft, rechts erhebt sich sanft der Dürre Berg. Der karge Boden bietet ideale Wachstumsbedingungen für Disteln und Wacholderheide, an heißen Tagen können Sie Heupferdchen im Sauergras entdecken.

Im anschließenden Linksbogen können Sie das Dorf Mirbach schon wieder auf der anderen Talseite sehen. Der bisherige Schotterweg endet an einem Teerweg. Diesem folgen Sie nach halb links. Im Ort laufen Sie auf der Schulstraße zurück zu der Kreuzung, an der Sie auf dem Hinweg in die Wacholderstraße eingebogen sind. Sie gehen nun, den Eifelsteig-Symbolen folgend, nach rechts bergauf und passieren die Alte Schule. An der nächsten Gabelung folgen Sie rechts der Straße Camillashöh und biegen nach 50 m in die Kapellenstraße ein. An der ☕ Wanderhütte Backes biegen Sie noch kurz rechts ab, um die ✞ Erlöserkirche zu besichtigen, bevor Sie auf dem Rückweg in der Wanderhütte einkehren.

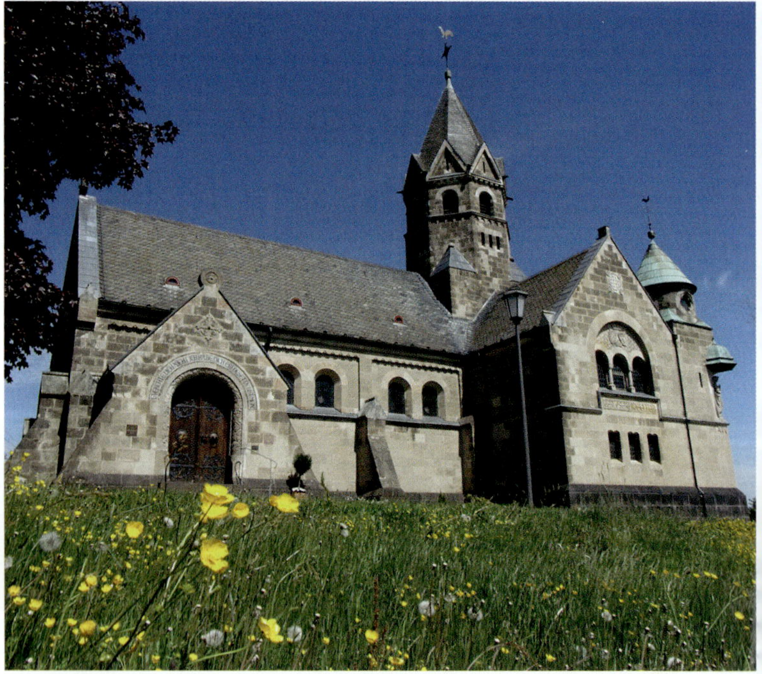

Erlöserkirche

✞ Die 1902 im neoromanischen Stil erbaute Erlöserkirche wirkt sehr wehrhaft und beeindruckt mit ihrer üppigen Innenausstattung.

Am Friedhof der Erlöserkirche können Wanderer ohne Buggy oder Gehbeeinträchtigung den P Parkplatz am Startpunkt mit nur wenigen Schritten über eine Treppe erreichen. Da diese Wanderung aber auch rollend zu bewältigen sein soll, führe ich Sie zurück zur Wanderhütte Backes.

Wanderhütte Backes, Kapellenstraße 2, 54578 Mirbach, Mo 13:00 bis 20:00, Fr 13:00-23:00, Sa 13:00 bis 22:00, So 11:00 bis 21:00, köstliche Flammkuchen und üppige Brotzeiten, Hunde willkommen

Von dort gehen Sie durch die Kapellenstraße hinab zur Bushaltestelle, wo Sie nach rechts den P Parkplatz und den Infopavillon erreichen.

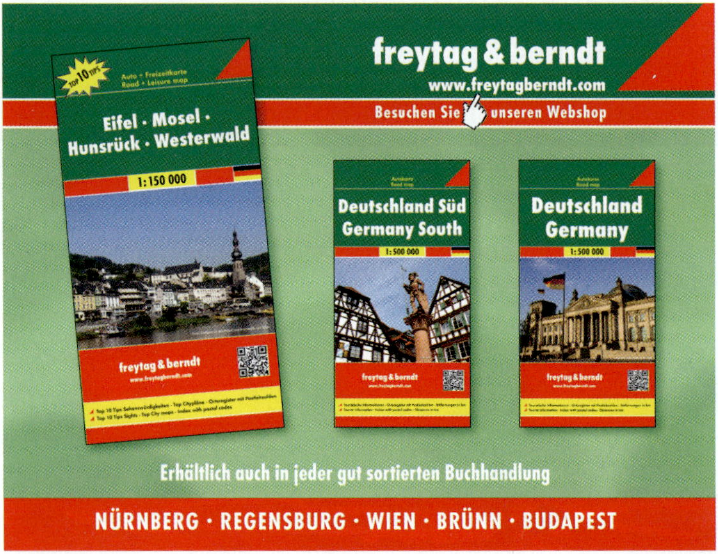

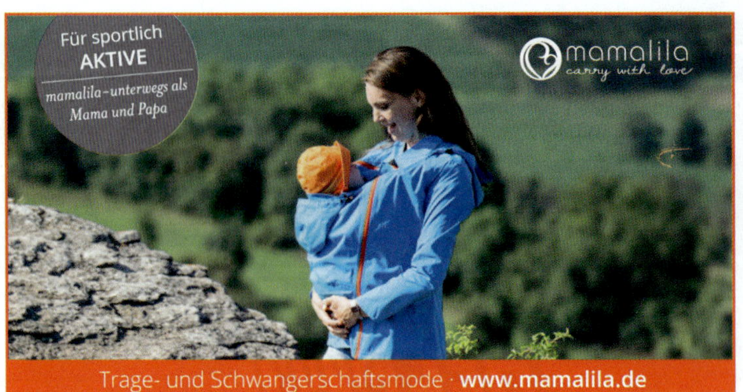
Für sportlich
AKTIVE
mamalila-unterwegs als
Mama und Papa
mamalila
carry with love
Trage- und Schwangerschaftsmode · www.mamalila.de